TOPITO

DES LISTES, DE L'AMOUR ET DES LISTES

Michel LAFON

Savoir dire merci, c'est important, alors MERCI.

À Emma, sans qui ce livre aurait peut-être existé mais dans 3 ou 4 ans seulement.

À Ronan, Clément, Urbain, Romain, David, Camille, Baptiste, Stéphane, Malo, PH, Beubeu, Chloé, Clément P, Yann, Oriane, Adèle, Thomas, Louise, Émily, Alice, Élodie, Alix, Alban, Anaëlle, Pauline, Marianne, Bastien, Estelle, Alex, Axel, Adrien, Nicolas, Lauranne, Jordi, Guilhem, Claire, Émilie, Margaux, Sarah... Parce qu'ils ont fait tout ça avec nous tous les jours durant ces 10 ans. Et que ça compte, sans doute plus qu'ils ne l'imaginent.

À Arnaud, Pascal, Jérémy, Tanguy, Fanchie, Rami, EBR, Bruno, Marie & Julien, Cora & François, Sebcastle, Sebziofix, Bernard & Yann, Hélène, pour avoir poussé dès le début dans le bon sens.

À Perrine et Elsa, qui ont su supporter cette maladie topitesque toutes ces années. Et à Nino, Jules et Alice +1, ce sera votre seul héritage.

À vous tous qui venez nous lire, nous voir et nous partager tous les jours. On pense que vous ne vous rendez pas bien compte.

À Internet – belle connerie, ce truc, tiens.

Direction artistique
Claude Combacau

Illustrations
Claude Combacau, Romain Digue et Camille Gautier

118, avenue Achille-Peretti – CS 70024
92521 Neuilly-sur-Seine Cedex
www.michel-lafon.com

Achevé d'imprimer en Espagne
Dépôt légal : octobre 2016
ISBN : 978-2-7499-3085-5
LAF 2273

VIE ÉTUDIANTE

TOP 15 DES PETITES PHRASES QUI NOUS PASSENT PAR LA TÊTE QUAND ON RÉDIGE NOTRE MÉMOIRE

1. Si je rédige deux pages par jour durant les trois prochaines semaines, ce sera vite plié. Un seul mot d'ordre OR-GA-NI-SA-TION.

2. Il faudrait peut-être que je songe à recontacter mon directeur de recherche, à qui je n'ai pas parlé depuis septembre.

3. De deux choses l'une : soit tous les autres étudiants sont d'énormes glandeurs qui viennent de se réveiller au dernier moment comme moi, soit je suis foutu.

4. J'ai travaillé une heure, je pense que j'ai droit à une petite pause, non ?

5. Je passe vite fait à cet apéro, puis je ne rentre pas trop tard pour bosser.

6. Bon, OK, je bosserai demain, plutôt.

7. À partir de combien de sauts de ligne entre toutes les micro-parties mon directeur de mémoire va-t-il se rendre compte que je me fous de sa gueule ?

8. Les personnes qui ont inventé la technique permettant d'augmenter l'espacement entre les lettres sont des génies ignorés.

9. Encore trente pages en trois jours ? Je suis large.

10. Encore vingt-cinq pages en deux jours ? Je suis large.

11. Encore vingt pages en vingt-quatre heures ? OK, je commence un peu à paniquer, là.

12. Qui sait, peut-être que les cirques itinérants embauchent ? C'est ça, je vais me reconvertir et devenir trapéziste.

13. Allez, une dernière petite vidéo sur YouTube et je m'y mets vraiment, cette fois.

14. Soixante pages à écrire sur la ponctuation et la syntaxe chez Chrétien de Troyes. Comment j'en suis arrivé là, exactement ?

15. Je peux peut-être l'acheter sur Internet...

TON MÉMOIRE VERSION HONNÊTE

1. Ce que tu fais à la bibliothèque

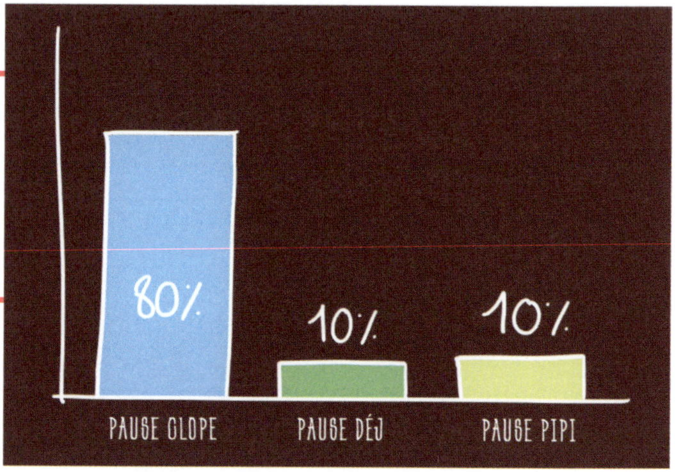

2. La courbe de boulot

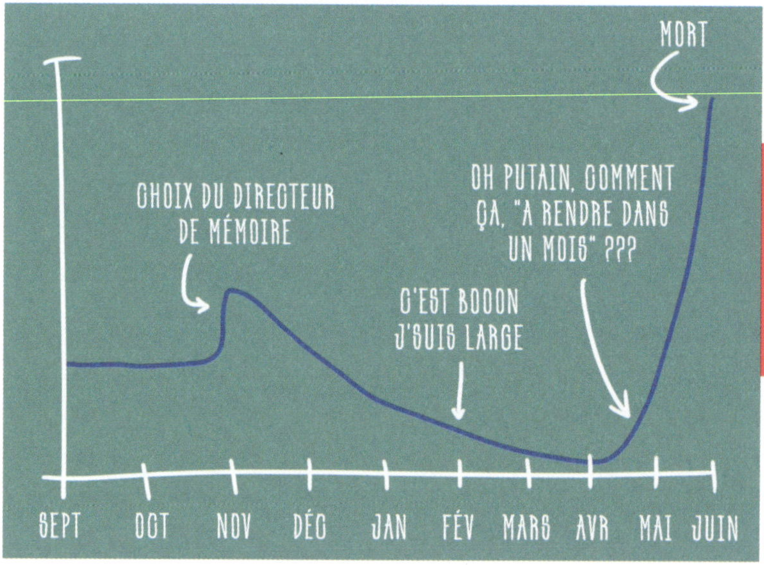

3. To Do List

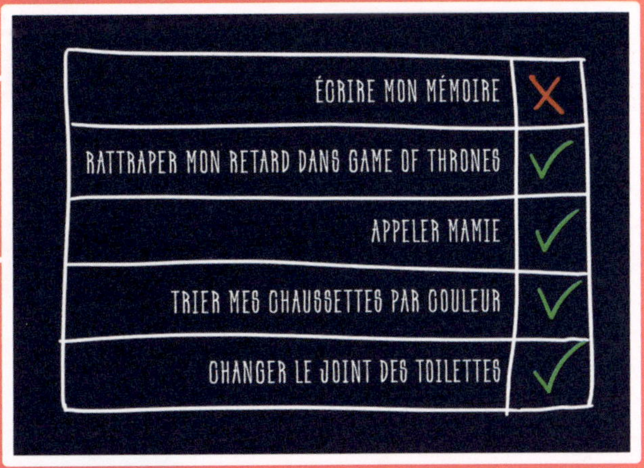

4. Les astuces pour tricher un peu

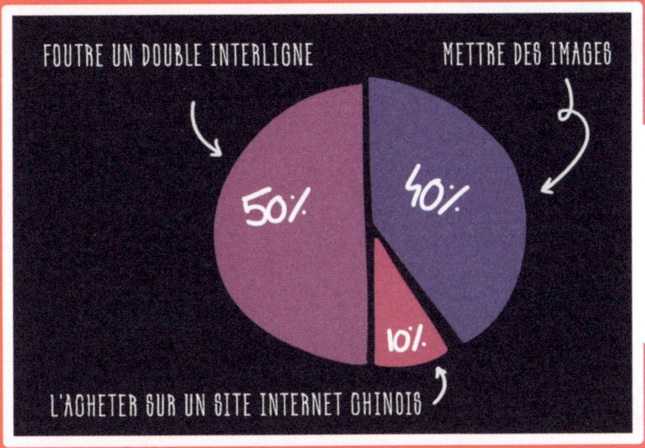

5. Les trucs qu'il ne faut pas te dire

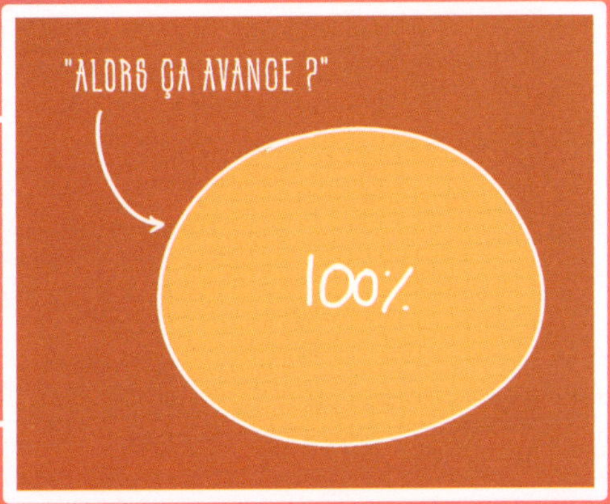

TOP 5 DES SIGNES QUE LES PARTIELS APPROCHENT À GRANDS PAS, LES PETITES JOIES DES RÉVISIONS

1.

Tu as arrêté de faire la vaisselle.

Et de ranger ton appart, et de sortir les poubelles, et de te laver : réviser, ça prend du temps (et passer ses journées à mater des séries en affirmant qu'on s'y met dans cinq minutes aussi).

2.

Ta consommation de clopes a explosé.

Maintenant que tu vas à la BU, tu passes tellement de temps à fumer dehors que tu as adopté le concept de la « pause travail » entre deux clopes. Soit, tu n'adores pas la BU.

3.

Tu t'es découvert une passion dévorante pour plein de choses.

Le cycle de vol des mouches, le nombre de petits points sur ton mur, le cinéma austro-hongrois des années 1930. Tout, sauf ton mémoire.

4.

T'as eu envie de tout plaquer pour partir élever des lamas au Pérou.

Mais tu t'es souvenu des mésaventures du capitaine Haddock et du fait que ces bêtes n'étaient pas si sympas que ça. Tu as donc gentiment ramassé les notes que tu avais jetées par terre et continué à faire semblant de bosser.

5.

Ton jogging est devenu ta nouvelle peau.

Plus besoin de s'emmerder le matin, ce sera jogging « spécial révision », celui hyper confortable et complètement informe, mais qu'importe, puisque tu passes tes journées enfermé chez toi.

TOP 4 DES DIFFÉRENCES ENTRE LE LYCÉE ET LA FAC

AU LYCÉE

À LA FAC

TOP 4 DES ÉTUDIANTS

1. Le mec assis au premier rang

2. Celui qui pionce au fond de l'amphi

QU'ON CROISE EN AMPHI

3.
Le gars qui n'a jamais rien

4.
Le babos

TOP 10 DES PREUVES ÉVIDENTES QUE TU ES DANS UNE ÉCOLE DE COMMERCE (YOUPI)

1.

Il y a au moins cinq meufs dans ta classe qui veulent bosser dans le luxe et dix mecs qui se verraient bien faire carrière dans la finance.

2.

Tu as une choré pour toutes les chansons qui passent sur NRJ. Et tu connais par cœur « Les lacs du Connemara ».

3.

Tu travailles deux semaines par an. Soit une avant chaque partiel.

4.

Pour entrer, tu as dit que tu adorais le marketing/la finance/autre chose pour faire original, mais en fait tu n'en avais aucune idée.

5.

Tu as développé des techniques pour que personne ne puisse te voler tes consos d'open bar.

6.

Tu as contracté une petite dette de 30 000 euros auprès de ta banque. Du coup, tu te prépares à faire des semaines de soixante heures durant les dix prochaines années de ta vie.

7.

La moitié de tes révisions consiste à calculer d'après tes notes de contrôle continu le minimum requis pour valider.

8.

Tu as passé plus de temps à bosser pour ton asso que pour tes cours. D'ailleurs, organiser une soirée, c'était fatigant, en fait.

9.

Tu ne fais plus des « before », mais des « préchauffes ». Elles-mêmes précédées de « préchauffes » de « préchauffes ».

10.

Tu as toute une ligne de vêtements sponsorisée par ton école (et qui t'a coûté un rein, voire deux).

TOP 5 DES TRUCS QU'ON FAIT VRAIMENT PENDANT SES ÉTUDES

1. En école d'art

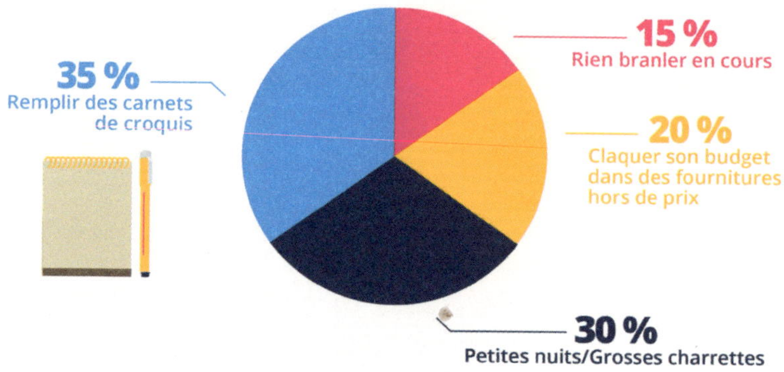

2. En prépa scientifique

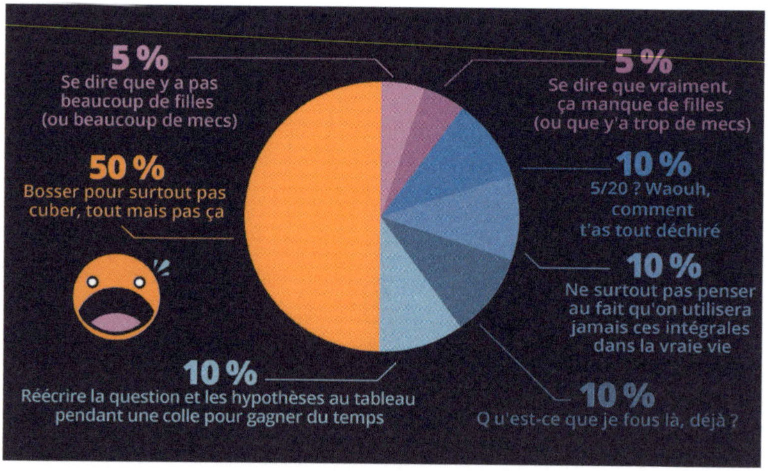

3. En fac de lettres

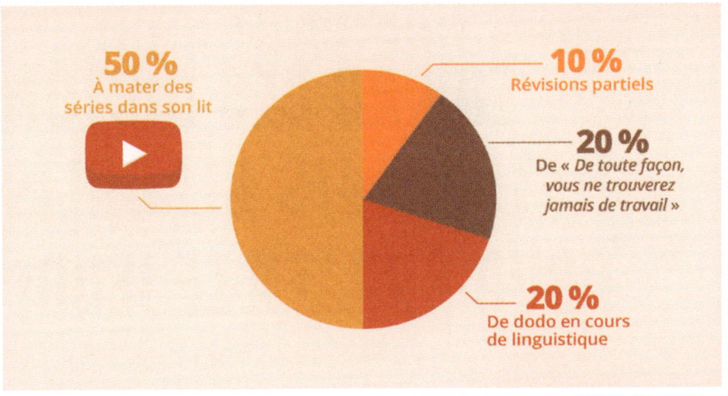

4. En école de commerce

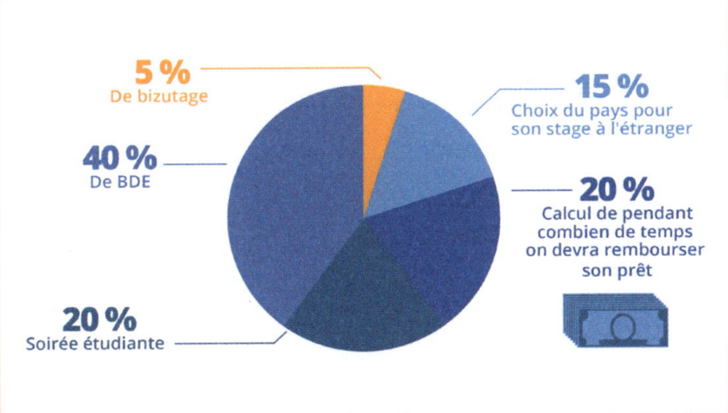

5. En fac de droit

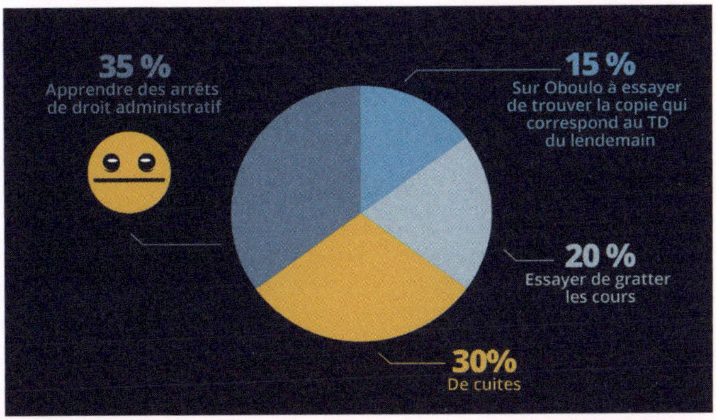

TOP 20 DES DICTONS ÉTUDIANTS ALCOOLISÉS, POUR BRILLER LE JEUDI SOIR

1. Manger, c'est tricher.
2. Un verre ça va, trois verres, ça va ça va ça va.
3. Boire ou conduire… De toute façon, on ne va pas rentrer à pied, hein ?
4. L'apéro, c'est la vie.
5. Soûl, mais digne !
6. Il vaut mieux être soûl que con, ça dure moins longtemps.
7. Si l'alcool au volant te gêne, recule le siège.
8. Vomir, c'est trahir !

9. Bois aujourd'hui pour étancher ta soif de demain.

10. Qui boit sans soif vomira sans efforts.

11. Vomir, c'est repartir.

12. Mangez rapide, mangez liquide !

13. Quatre heures moins le quart, l'heure du Ricard.

14. Vomir, c'est plaisir.

15. Ne buvez pas au volant, buvez à la bouteille.

16. La pression, ça ne se subit pas, ça se boit !

17. Horizon pas net, reste à la buvette.

18. La vie est une fête… Moi, j'en suis à l'apéro.

19. Mieux vaut lever le coude que baisser les bras !

20. Verre vide, je te plains, verre plein, je te vide.

TOP 4 DES PETITES INFOGRAPHIES

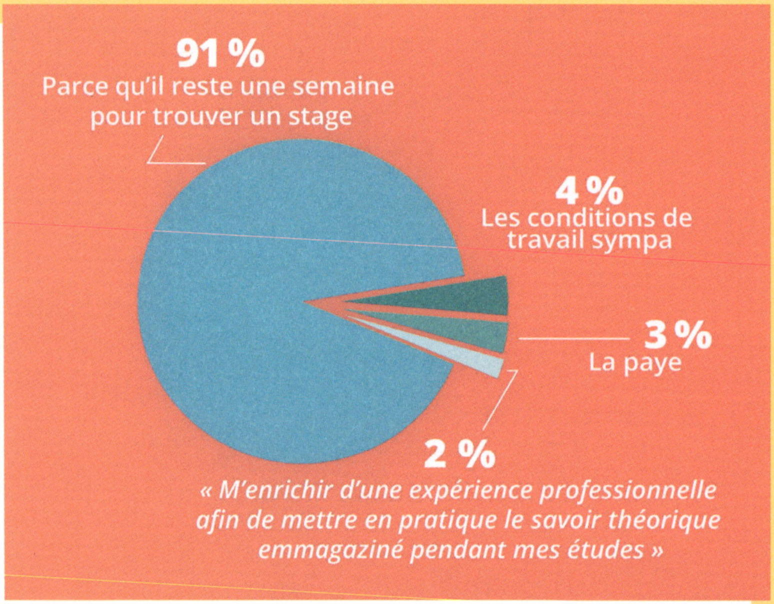

1. Ce qui te motive pour postuler à ce stage

2. Ce que contient ton rapport de stage

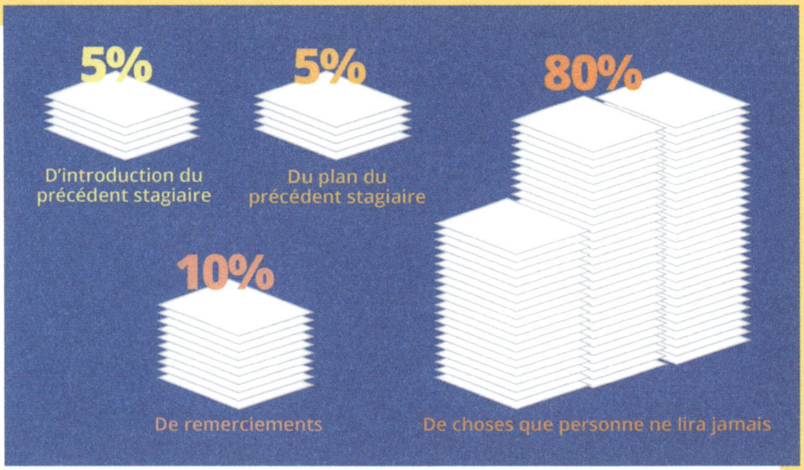

QUI RÉSUMENT BIEN TON STAGE

3.
La journée de ton boss *vs* la tienne

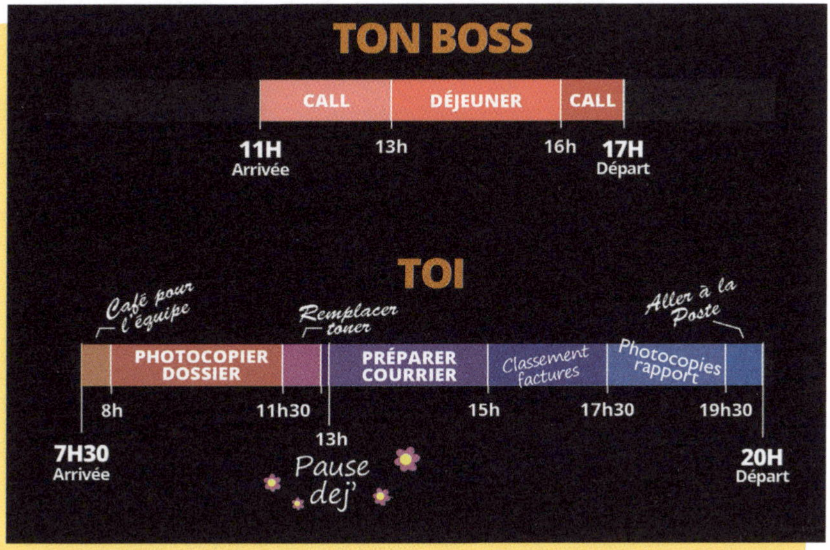

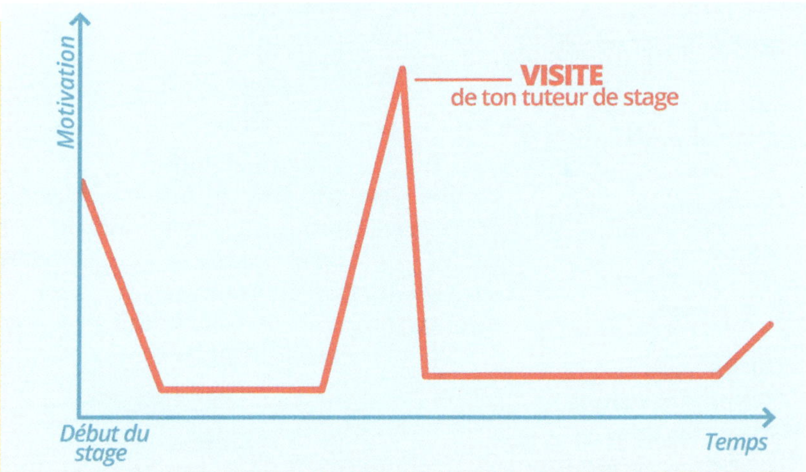

4.
L'évolution de ta courbe de motivation

TOP 5 DES PROFS DE FAC QU'ON A TOUS CONNUS

1.

Le « j'imprime tout »

Lui, c'est ton copain. En début d'année, il te donne un pavé. Ce pavé, c'est l'intégralité de tes cours. Si tu l'écoutes, il le lira point après point. Tu vas ainsi pouvoir t'endormir tranquillement en l'écoutant te bercer.

2.

L'intervenant extérieur professionnel

Lui, il vient juste là tirer son petit billet. Et se faire mousser un peu en étalant dans votre face tous ses succès professionnels.

3.

Le gai luron

Il fait des blagues tout le temps, met des jeux de mots dans ses diapos et balance des stylos sur les élèves endormis au premier rang en se marrant.

4.

Le toujours étudiant

Chargé de TD en fin de thèse, il arrive à la bourre avec la gueule de bois. Il n'a pas les textes à étudier sur lui. Les horaires sont négociables, quand il est là. Les absents, il s'en tamponne, il n'a d'ailleurs pas la liste des étudiants inscrits à son cours.

5.

L'enflammé

Le type s'est cru dans *Le Cercle des poètes disparus* et s'imagine que ces quelques mois passés avec lui vont changer ta vie. Il est vieux, mais fait semblant de se mettre à ton niveau et de te comprendre. Une sorte de BHL mixé à un chercheur du CNRS.

TOP 4 DES EFFETS POSITIFS DE LA BIÈRE SUR LA SANTÉ

1.

La bière rend intelligent.

Ça ne se voit pas au premier coup d'œil, mais selon une étude de l'université de Chicago, les hommes sont plus brillants après avoir avalé quelques bières. Pensez-y la prochaine fois que vous atterrirez dans un bar de poivrots : tous ces types accoudés au comptoir sont de potentiels prix Nobel.

2.

La bière ne fait pas grossir.

Une pinte par jour contribuerait même à faire mincir. Évidemment, seulement si on prend soin de combiner ces binouzes avec de l'exercice et un régime alimentaire sérieux, mais la vitamine B9 présente dans nos verres de pression contribuerait à nos besoins journaliers sans peser sur la balance.

3.

La bière réduit le diabète.

Deux bières pour les hommes, une seule pour les femmes : c'est ce que préconise une étude espagnole pour lutter efficacement contre le diabète. L'humulone, principe actif du houblon qui donne à la bière son goût amer, aurait un effet préventif contre le diabète.

4.

La bière rend heureux.

Si vous avez pu observer des gens imbibés de houblon qui avaient l'air particulièrement « heureux », voire « heureux au point de ne plus savoir où ils habitent », sachez qu'une étude américaine s'est penchée sur le sujet. On y apprend que le goût de la bière déclenche la sécrétion de dopamine, et un test sur des cobayes (la moitié tournant à la bière, l'autre au Gatorade) a montré très clairement que les buveurs de bière sont plus heureux.

TOP 10 DES CITATIONS SUR L'ALCOOL À RESSORTIR DANS VOS DÎNERS MONDAINS

1. ***« Soyez toujours sobre pour faire ce que vous vouliez faire quand vous étiez ivre. Cela vous apprendra à la boucler. »***
Ernest Hemingway

2. ***« L'alcool a été fait pour supporter le vide de l'univers, le balancement des planètes, leur rotation imperturbable dans l'espace, leur silencieuse indifférence à l'endroit de votre douleur. »*** Marguerite Duras

3. ***« Trop ou trop peu de vin interdit la vérité. »*** Blaise Pascal

4. ***« L'alcool est le pire ennemi de l'homme. Mais la Bible nous enseigne d'aimer nos ennemis. »*** Frank Sinatra

5. ***« S'il se passe un truc moche, on boit pour essayer d'oublier ; s'il se passe un truc chouette, on boit pour le fêter, et s'il ne se passe rien, on boit pour qu'il se passe quelque chose. »*** Charles Bukowski

6. ***« Je bois pour rendre les autres intéressants. »*** W. C. Fields

7. ***« Boire sans soif et faire l'amour en tout temps, madame, il n'y a que ça qui nous distingue des autres bêtes. »*** Pierre Augustin Caron de Beaumarchais

8. ***« J'ai retiré plus de choses de l'alcool que l'alcool ne m'en a retiré. »*** Sir Winston Churchill

9. ***« Qu'importe le flacon, pourvu qu'on ait l'ivresse. »*** Alfred de Musset

10. ***« Il y a plus de philosophie dans une bouteille de vin que dans tous les livres. »*** Louis Pasteur

TOP 4 DES ERREURS À NE PAS COMMETTRE EN SOIRÉE

1.
Dire à trop de gens « ramène qui tu veux »

2.
Mélanger les alcools

3.
Porter des talons quand t'as pas l'habitude

4.
S'endormir

TOP 15 DES SIGNES QUE CETTE HEURE DE COURS VA ÊTRE LONGUE, TRÈS LONGUE

1.

Le prof rend les notes à la fin du cours.

2.

Ta table est bancale.

3.

La présentation du prof est en police jaune sur fond blanc.

4.

Tu as raté les dix premières minutes, et, visiblement une information capitale.

5.

Tu as déjà « scrollé » ta timeline Facebook six fois.

6.

Tu as déjà faim.

7.

Internet rame.

8.

Il fait chaud… puis froid…
puis chaud.

9.

Il te reste 10 % de batterie.

10.

Ça a sonné, mais le prof a
encore un petit truc à dire.

11.

Tu as envie de faire pipi.

12.

Tu as des fourmis
dans les jambes.

13.

Maintenant, tu as soif.

14.

On est vendredi après-midi.

15.

Il fait beau dehors, si beau.

TOP 10 DES CARACTÉRISTIQUES COMMUNES À TOUS LES APPARTS ÉTUDIANTS

1. Vous pouvez regarder la TV assis sur les toilettes tout en faisant la vaisselle.

2. Le frigo dépasse rarement 80 cm de hauteur.

3. Le canapé est un lit, ou l'inverse, on ne sait plus trop.

4. Il y a deux tas de linge par terre : le sale, et le « plus très propre mais ça va encore ».

5. Il y a un plot de chantier volé dans l'entrée.

6. La moitié du mobilier vient d'IKEA, le reste a visiblement été trouvé dans la rue.

7. Il n'y a qu'une lampe en état de marche dans tout l'appart.

8. Il y a un bouquin de Bourdieu avec un marque-page dans la bibliothèque.

9. Il y a une bougie parfumée intacte qu'on allume uniquement avant que les parents ne passent.

10. Il y a plus de cendriers que de verres pour boire.

TOP 3 DES INFOGRAPHIES SUR TA RENTRÉE À LA FAC

1. Les achats de la rentrée

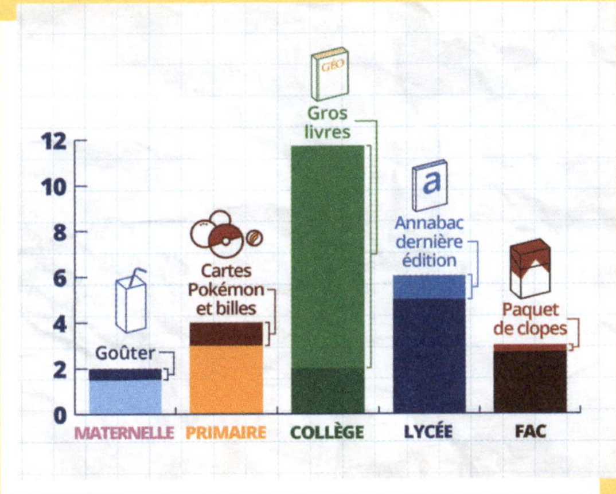

2. Le poids du cartable

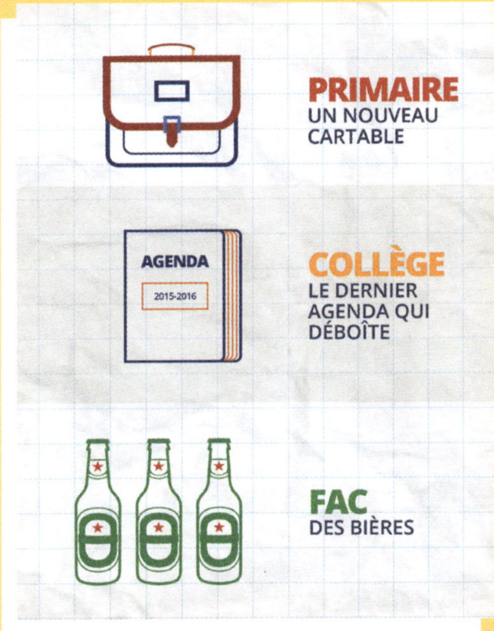

3. La rentrée à la fac

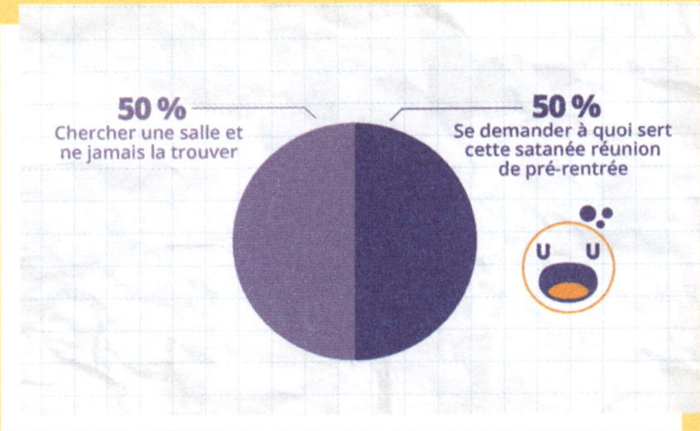

LE JEU DE LA-MORT-QUI-TUE POUR TESTER TA CULTURE G

Relie chaque citation à son auteur.
Évidemment, il y a des pièges, sinon ça ne serait pas drôle.

A. « Deux personnes peuvent regarder la même chose, mais la voir différemment. »

B. « Il faut considérer la vie comme une partie que l'on peut gagner ou perdre. »

C. « Je suis coupable d'être un peu trop rêveur. »

D. « Ceux qu'on aime, on ne les juge pas. »

E. « Je te montrerai comment décrocher les boules blanches des symphorines. »

F. « Je veux te construire un bateau, un bateau qui serait aussi fort que tu es libre. »

G. « Il faut être toujours ivre [...]. Pour ne pas sentir l'horrible fardeau du temps qui brise vos épaules. »

H. « Aimer, c'est agir. »

1. Justin Bieber
2. Jean-Paul Sartre
3. One Direction
4. Charles Baudelaire
5. Simone de Beauvoir
6. Victor Hugo
7. Maître Gims
8. Fauve

Bonnes réponses : A-1/B-5/C-7/D-2/E-8/F-3/G-4/H-6

TEST : QUEL RELOU DE SOIRÉE ES-TU ? (C'EST TOUJOURS BON À SAVOIR)

TU ARRIVES GÉNÉRALEMENT EN SOIRÉE VERS :

A 20 h 02.

B 00 h 37.

C 22 h 19.

D 05 h 04.

L'ALCOOL TE DONNE ENVIE DE :

A Vomir.

B Vomir, puis dormir.

C Danser la carioca.

D Dormir.

COMBIEN DE FOIS PAR SOIRÉE DIS-TU : « PUTAIN, J'ADOOOOORE CETTE CHANSON ! » ?

A 270 fois.

B 15 fois.

C 0 fois.

D > 3 fois.

AIMES-TU LA VIE ?

A Oui.

B Je préfère la raclette.

C Ne se prononce pas.

D Non.

SELON TOI, PEUT-ON MANGER SES CROTTES DE NEZ ?

A Uniquement le lundi et le jeudi.

B Évidemment, c'est même recommandé par tous les bons médecins.

C MAIS ÇA VA PAS, NON ???

D Ne se prononce pas.

À QUOI RESSEMBLE TON FRIGO ?

A Au rayon alcool du Super U.

B À une poubelle pendant la grève des éboueurs.

C À un truc très très propre. Beaucoup trop, en fait.

D À un désert.

TU AS UNE MAJORITÉ DE A :

Tu es le précoce, celui qui fait tout avant tout le monde.

En bon précoce que tu es, tu arrives avant tout le monde et donc tu picoles avant tout le monde. Par conséquent, tu es aussi le premier à courir vers les chiottes pour vomir tripes et boyaux avant d'aller te coucher dans un coin sombre (à savoir, sur un tas de manteaux). Résultat : tu ne profites pas beaucoup des soirées et les gens en ont globalement plein le baba que tu repeignes leur petit coin.

TU AS UNE MAJORITÉ DE B :

Tu es le crado, celui qui vomit sur les murs, puis se casse discrètement.

Que tu sois sale chez toi, c'est une chose, mais es-tu vraiment obligé de laisser partout où tu vas une flaque de vomi et cent soixante-quinze cadavres de bières ? Eh bien, figure-toi que NON, pas forcément. Si tu veux garder tes amis, un conseil : propose de descendre quelques bouteilles en partant, ils t'en seront vraiment vraiment reconnaissants. Oui, même deux, ça fera l'affaire.

TU AS UNE MAJORITÉ DE C :

Tu es le moralisateur, celui qui juge (alors qu'il ne devrait pas).

Tu as beau être aussi pété que tout le monde, tu passes toute ta soirée à poursuivre les gens pour leur dire qu'ils sont bourrés. C'est relativement énervant. Mais pas autant que ta capacité à soûler les convives avec des sujets tels que la politique au Moyen-Orient de 1948 à nos jours ou les bénéfices du régime sans gluten.

TU AS UNE MAJORITÉ DE D :

Tu es le déprimant, celui qui aurait dû rester chez lui.

Ton petit cœur saigne depuis que ta moitié t'a largué comme une crotte ? C'est normal. Mais tu n'étais pas obligé de venir à cette soirée simplement pour rester en position fœtale dans le canapé six heures d'affilée. Tu prends de la place et tu déprimes tout le monde. Donc la prochaine fois, n'hésite pas à rester sous ta couette avec une bonne série et un saladier de coquillettes.

ANIMAUX

TOP 5 DES ANIMAUX LES PLUS CRUELS, LES PIRES ENFLURES DE LA NATURE

1.

L'aigle royal

Sa technique préférée pour chasser le bouquetin est tout simplement de fondre sur lui et de le percuter pour le faire tomber des falaises. Si ça ne marche pas, il le traînera jusqu'au bord du précipice et l'y fera tomber. Il ne lui reste qu'à aller récupérer la carcasse en contrebas. Efficace.

2.

Les larves de scarabée epomis

D'habitude, les grenouilles mangent les larves de scarabée, c'est la nature. Avec l'epomis, c'est l'inverse. Sa larve piège la grenouille, qui pense avoir trouvé un petit goûter : elle se jette sur elle, lui sectionne les tendons (ce qui l'immobilise) et la dévore vivante. Oui, c'est atroce.

3.

L'orque

Les orques ne sont pas réputées pour être des créatures très sympathiques, et c'est tout à fait mérité. Pour choper des phoques ou des baleines, elles n'hésitent pas à pourchasser leurs proies jusqu'à l'épuisement. Une manière d'obliger la mère baleine à leur filer à bouffer le petit qu'elle n'arrive plus à protéger à cause de la fatigue.

4.

La grande musaraigne

La grande musaraigne, sorte de petit mélange raté entre une souris, une taupe et un paillasson, se distingue par ses petites glandes sécrétant du venin. Ce qui est chouette, c'est que sa proie (une petite souris par exemple) se retrouve paralysée mais ne meurt pas, et la musaraigne peut se nourrir « sur elle » pendant plusieurs jours. Digne d'un film d'horreur.

5.

L'otarie

Les mâles otaries ont un comportement bien particulier qui consiste à… violer des manchots jusqu'à ce que mort s'ensuive. Sympathique, monsieur Otarie.

TOP 10 DES MÉTHODES INFAILLIBLES POUR VOUS DÉBARRASSER DE CES CONNASSES D'ARAIGNÉES

1. Leur allonger un bon coup de godasse au coin de la gueule.
2. Leur aspirer la trogne sans pitié.
3. Les noyer d'insecticide.
4. Recouvrir votre sol de pièges à colle.
5. Leur dire : « Hé, y a machin qui t'appelle dehors, tu devrais y aller, ça a l'air vachement important », et fermer la porte dans leur dos.
6. Faire venir une araignée encore plus grosse pour les bouffer (mais il n'est pas impossible qu'elle vous bouffe aussi).
7. Remplir votre salon de ses prédateurs naturels, comme des grenouilles, des singes ou le Bouffon Vert.
8. Brûler votre maison jusqu'à ce qu'il ne reste qu'un tas de cendres fumantes sur lesquelles vous danserez.
9. Prendre deux ou trois caleçons, un pull, et partir vous installer en Antarctique.
10. Essayer de vous faire mordre par l'une d'elles pour devenir à votre tour une araignée, penser araignée, vivre araignée et embrasser votre destin de leader des arachnides.

TOP 3 DES TRUCS QUE LES ANIMAUX FONT EN SECRET

1. Les poules

2. Les pandas

3. Les lions

TOP 8 DES RAISONS DE DÉTESTER LES MOUETTES

1.

« Mouette » est un nom ambigu.

En effet, le mot « mouette » ne veut pas dire grand-chose à part « oiseau côtier dans les blancs/gris qui gueule tout le temps ». Un tel manque de franchise est irritant et inacceptable.

2.

La mouette râle tout le temps.

On en parlait à l'instant. La mouette ne chante pas. Elle gueule. Un tel animal ne mérite pas notre considération.

3.

Le mot « mouette » partagerait des origines étymologiques avec le mot « mauviette ».

D'ailleurs, est-ce qu'on dit « courageux comme une mouette » ? Ou « Richard Cœur de Mouette » ? Eh ben non... Tout est dit.

4.

La mouette bouffe n'importe quoi.

C'est un oiseau omnivore, c'est-à-dire qu'il mange tout, mais surtout de la merde.

5.

La mouette mange tellement n'importe quoi qu'elle peut gober ses propres œufs.

Il y a bien certains humains qui congèlent leurs gamins ou leur achètent des Crocs, mais manger ses œufs parce qu'on a la flemme de descendre chercher à bouffer, c'est quand même n'importe quoi.

6.

La mouette fait tout le temps la gueule.

Tapez « mouette » dans Google Images, et vous ne trouverez pas une seule mouette respirant la joie de vivre. Même la mouette rieuse semble avoir enterré toute sa famille dans la matinée.

7.

La mouette est conne comme une brique.

En effet, la mouette migre de plus en plus vers l'Île-de-France depuis quelques années. Alors que l'immobilier n'a jamais été aussi haut. Alors pourquoi ? Tout simplement parce qu'elle est conne, très conne.

8.

On ne mange pas de mouette.

On peut se demander pourquoi et avancer tout un tas d'hypothèses, mais il est plus vraisemblable que la viande de mouette soit dégueu parce que cet oiseau passe sa journée à avaler et à digérer des machins toxiques. Nous avons donc la certitude qu'elle ne sert absolument à rien.

LE PIGEON PARISIEN EN INFOGRAPHIES

1. Les caractéristiques communes à tous les pigeons

2. Les gens qui aiment les pigeons

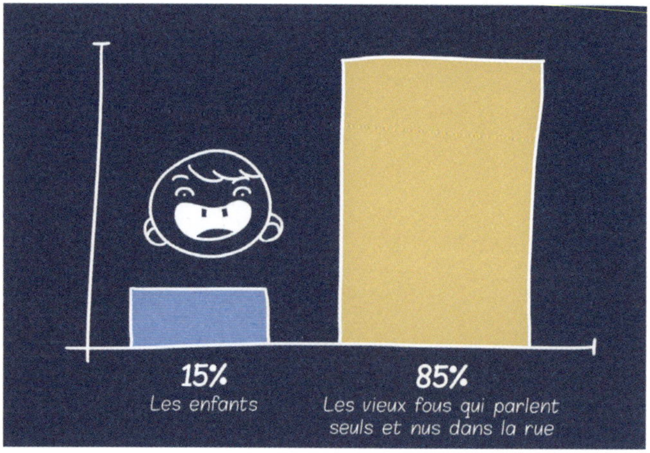

3. Les trucs plus moches qu'un pigeon parisien

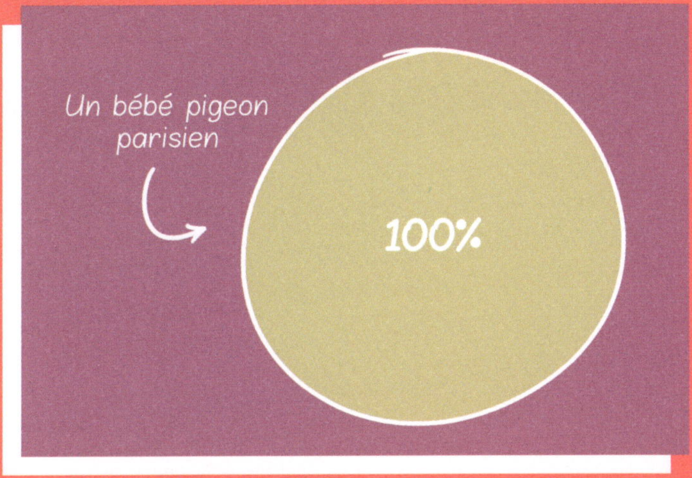

4. Les trucs galères quand t'es un pigeon

TOP 8 DES RAISONS DE PRÉFÉRER SON CHIEN À SON GOSSE

1.

Vous pouvez lui donner un nom à la con.

À la mairie, ils n'ont pas accepté que vous appeliez votre gosse Topinambour ? Pourtant, ça sonnait bien. Faites preuve de mauvais goût pour votre ami à quatre pattes, vous en avez le droit.

2.

Le chien est toujours content de vous voir arriver.

Et ne baissera pas les yeux de honte à la sortie de l'école en faisant mine que vous n'êtes pas sa mère.

3.

Il ne vous refilera pas sa gastro.

Sympa, le clebs réingurgite même tout avant que vous ayez le temps de nettoyer.

4.

Le chien n'a pas de copains morveux qui viennent squatter le dimanche.

Vous n'êtes pas obligé de louer les services d'un clown, ni de gonfler des ballons, ni même de faire un gâteau au Nutella pour son anniversaire.

5.

Vous pouvez lui faire un bisou sans qu'il dise « beurk ».

Parce que c'est super vexant de s'entendre dire « beurk » de la part d'une petite chose que vous avez portée neuf mois et qui vous est sortie de l'utérus une nuit.

6.

Le chien, au moins, vous pouvez le choisir.

Fini la déception en constatant à la naissance que votre enfant est frisé et poilu dans le cou.

7.

Ça coûte moins cher.

Le canidé a des besoins assez primitifs : pas besoin de Game Boy, de s'inscrire à l'équitation, de fournitures d'école.

8.

Le chien n'est pas trop difficile gastronomiquement parlant.

Pas la peine de vous casser la tête, si c'est croquettes au bœuf tous les jours, il acceptera son sort sans rechigner.

TOP 4 DES TRUCS RELOUS QUAND T'ES UNE LICORNE

1. Tu peux pas faire de la moto

2. Les chevaux se foutent de ta gueule

3. Tu as plus de chances de te prendre une chiure d'oiseau sur le pif

4. Péter des arcs-en-ciel, ça va bien deux minutes

TOP 15 DES RAISONS D'ADOPTER UN LAPIN (PLUTÔT QU'UN CHAT, UN CHIEN OU UN DRAGON)

1. Il est herbivore et ne risque donc pas de vous manger en cas de famine.

2. En revanche, vous pouvez toujours le menacer d'en faire un civet s'il vous emmerde.

3. C'est un animal qui peut rentrer ses testicules en cas de danger, ce qui est quand même un signe d'évolution indiscutable.

4. On ne sera jamais accusé de vraiment abandonner un lapin, même l'été.

5. Vous pouvez lui refiler les restes de votre salade de crudités de la veille.

6. Vous pouvez le dresser pour qu'il devienne une machine à tuer.

7. Si vous en avez vraiment marre de son petit comportement immature, vous pouvez toujours en faire une jolie écharpe pour l'hiver.

8. Il pratique la « caecotrophie », soit pour vous une double économie en litière ET en bouffe.

9. Il se reproduit beaucoup, et vous aurez bientôt une petite armée de lagomorphes.

10. Ses pattes portent bonheur, et là, vous en avez quatre d'un coup.

11. Il creuse des terriers et chasse donc les vilaines taupes de votre jardin.

12. Parce que ce matin, « un lapin a tué un chasseur ».

13. Il grignote tout (à commencer par les chargeurs de téléphone) et vous pouvez vous en servir pour vous venger contre votre ex, votre voisin bruyant ou votre collègue relou.

14. Il vit moins longtemps que les chats.

15. C'est tout de même rudement mignon, et douillet, et moelleux.

TOP 4 DES DIFFÉRENCES MAJEURES

1. La bouffe

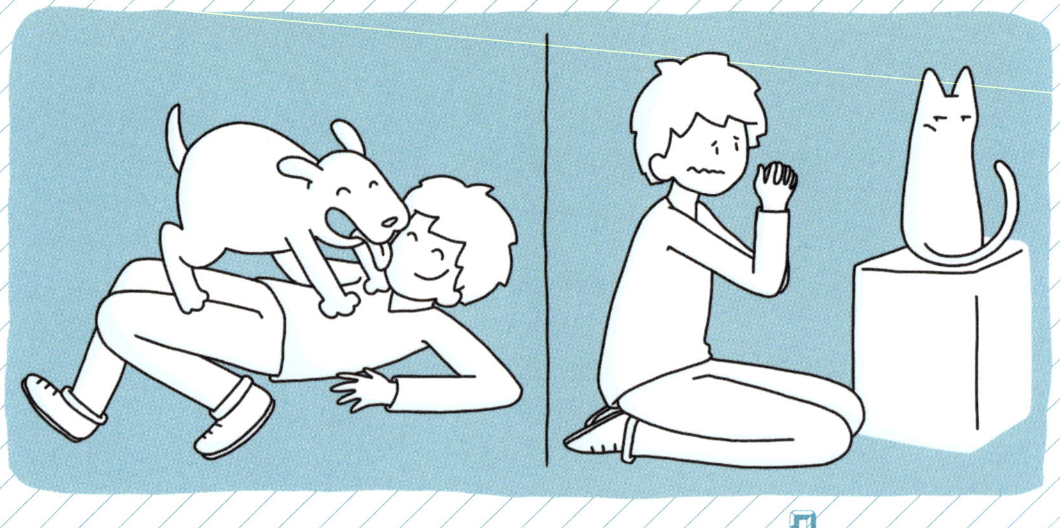

2. Les câlins

ENTRE LES CHATS ET LES CHIENS

3. Les jeux

4. Les cadeaux

TOP 10 DES SIGNES QUE VOUS ÊTES DANS LA « CATZONE », LA « FRIENDZONE » DES CHATS

1.

Vous passez deux heures à l'appeler quand vous allez vous coucher…

2.

… et vous éprouvez un intense sentiment de satisfaction quand il daigne venir se coucher avec vous.

3.

Du coup, vous faites tout pour éviter qu'il reparte.

4.

Il va voir ailleurs (et n'essaye même pas de le cacher).

5.

Il vous fait des câlins uniquement quand vous n'en voulez pas.

6.

Il peut passer deux semaines à vous ignorer bien comme il faut.

7.

Vous lui ouvrez quand il gueule devant votre porte à 3 heures du matin.

8.

Il vous a déjà empêché de conclure (notamment en fixant lourdement la personne que vous aviez ramenée chez vous).

9.

Vous passez toute votre paie en accessoires, nourriture et cadeaux.

10.

Vous passez votre temps à parler de lui à vos potes, et ça les soûle.

TOP 8 DES TRUCS IMPROBABLES À SAVOIR SUR NOS AMIS LES BÊTES

1.

Les grillons entendent avec leurs pattes. S'il se pète une jambe, monsieur Grillon est donc bien dans la merde.

2.

La mémoire du poisson rouge a une portée de plusieurs mois. Arrêtons donc avec les idées reçues sur les capacités intellectuelles de cette espèce brillante.

3.

Un rat qu'on décapite reste encore conscient pendant 3,7 secondes. Juste le temps de retenir le visage de l'enflure qui lui a fait ça et de le maudire sur huit générations.

4.

Les boules de poils régurgitées par les chats s'appellent des trichobézoards. Et le truc qu'il répand régulièrement sur votre tapis, ça s'appelle du vomi.

5.

Les harengs pètent pour reconnaître leurs congénères dans le noir. En ce qui vous concerne, vous n'êtes pas un hareng, donc vous n'avez pas d'excuse.

6.

Les loutres de mer se tiennent la main dans leur sommeil pour ne pas couler. Bon, la mauvaise nouvelle, c'est que du coup, si elles coulent, elles coulent à deux.

7.

Une tarentule peut survivre deux ans sans nourriture. Peut-être qu'elle est là, derrière vous, qu'elle vous guette, attendant que vous vous endormiez pour vous dévorer.

8.

Le pays qui abrite la plus grande population de dromadaires sauvages est l'Australie. À ressortir au moment opportun dans un dîner mondain.

TOP 5 DES INFOGRAPHIES SUR LE QUOTIDIEN AVEC UN CHAT

1. La vie avec un chat

RÊVE	RÉALITÉ
DES CÂLINS	NETTOYER DU VOMI
DES CARESSES	NETTOYER DE LA MERDE
DES RONRONS	NETTOYER DES POILS
DE L'AMOUR	PLEURER EN SILENCE

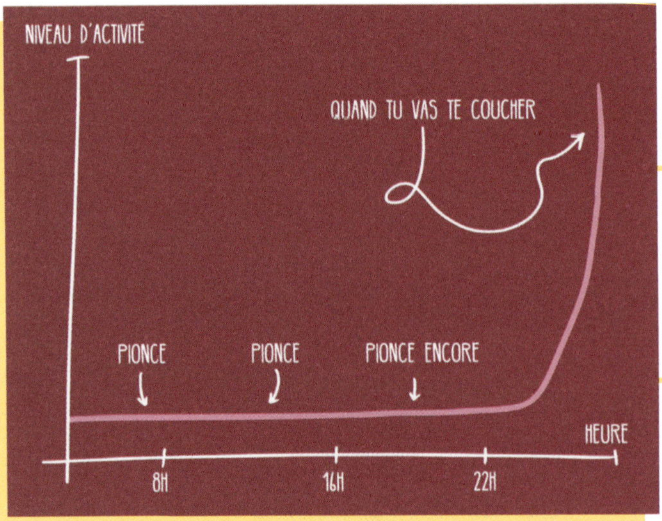

2. La courbe d'excitation de ton chat

3. Pourquoi ton chat t'aime

4. Les endroits où ton chat aime s'étaler

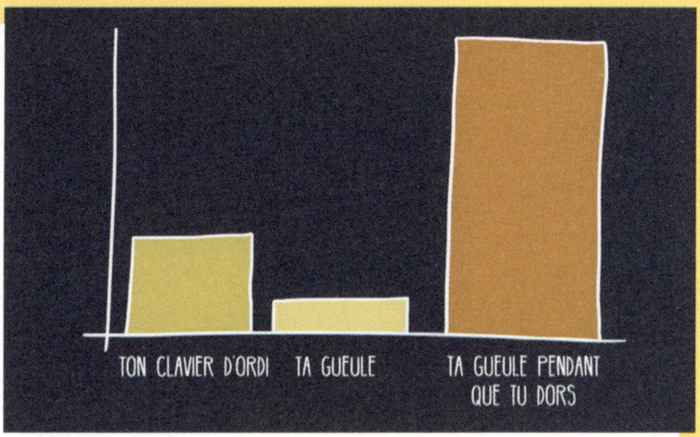

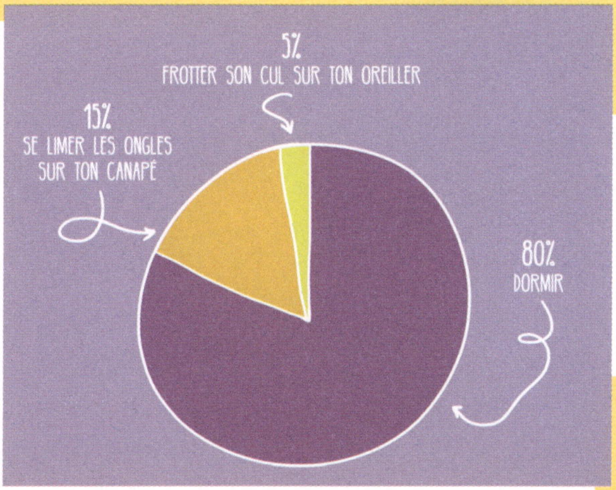

5. Ce que fait ton chat quand tu n'es pas là

TOP 10 DES COMPORTEMENTS INDIQUANT QUE VOTRE CHAT VEUT VOUS TUER

1.

Votre chat exerce des pressions d'une patte, puis de l'autre sur votre corps.

On pourrait penser qu'il s'agit d'un signe d'affection ; en réalité, votre chat teste les défaillances de vos organes internes.

2.

Votre chat vous rapporte des animaux morts.

Vous n'avez jamais vu *Le Parrain* ? Ce n'est pas un cadeau, c'est un avertissement…

3.

Votre chat met ses pattes sur votre visage lorsque vous dormez.

L'étouffement n'est pas une spécialité chez le chat, ses pattes sont trop petites pour couvrir à la fois votre nez et votre bouche, mais rien ne l'empêche d'essayer quand même.

4.

Lorsque vous rentrez dans une pièce, votre chat s'enfuit ventre à terre.

Quand votre chat fait ça, c'est que vous venez juste d'échapper à l'embuscade qu'il vous tendait.

5.

Votre chat dort sur votre matériel électronique.

Les humains disposent d'une technologie assez avancée, votre chat le sait et utilisera tous les moyens possibles pour vous empêcher de communiquer avec l'extérieur en cas d'attaque.

6.

Votre chat éjecte beaucoup de granules de sa litière.

Non, ce n'est pas parce qu'il n'aime pas l'odeur, c'est uniquement parce qu'il s'entraîne à enterrer un corps.

7.

Votre chat vous fixe pendant de longues minutes avec un regard inquisiteur.

Surtout, ne le quittez pas des yeux. Cela serait interprété comme un signe de faiblesse et une attaque pourrait tout à fait suivre cet aveu.

8.

Votre chat se purge avec de l'herbe.

Les Indiens jivaro aussi font ça tous les matins, ça permet de se purifier le corps et l'esprit avant de partir à la guerre ou à la chasse.

9.

Votre chat se cache dans des endroits sombres pour vous observer.

Armoire, tapis, lit : tous les observatoires sont bons pour épier sa proie dans un milieu naturel.

10.

Votre chat miaule constamment.

Il veut tout simplement vous rendre fou pour que vous vous jetiez par la fenêtre tout seul comme un grand. Le crime parfait, celui qu'il espère depuis toutes ces années.

TOP 6 DES POSITIONS POUR DORMIR AVEC SON CHAT

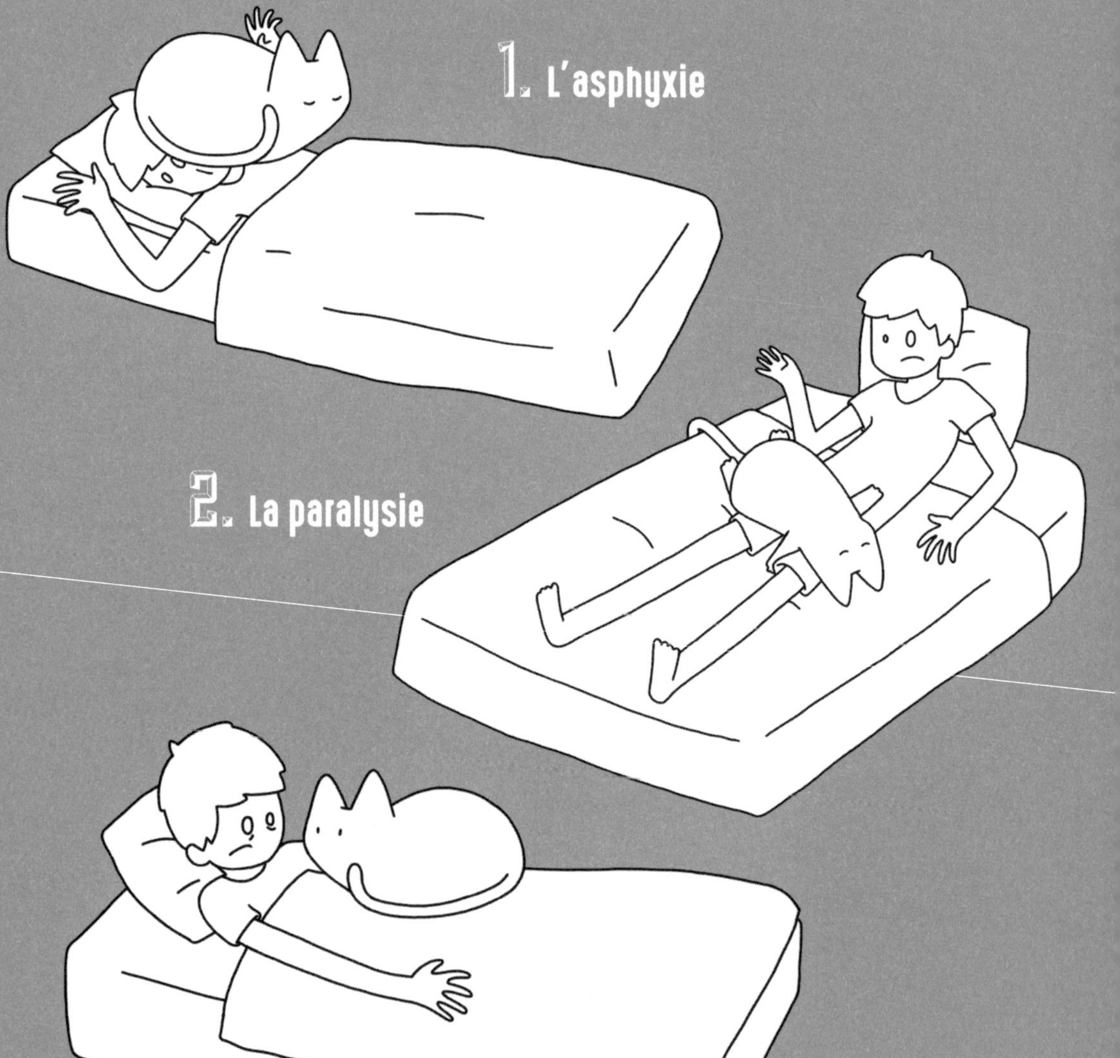

4. La pieuvre

5. La « c'est-qui-l'patron »

6. La « c'est-qui-le-SUPER-patron »

TOP 5 DES AVANTAGES À AVOIR UN CHAT EN CAS DE RUPTURE

1.

Il t'aide à te débarrasser des affaires de ton ex.

2.

Il t'évite des nuits solitaires.

3.

Il t'empêche
de « stalker » ton ex.

4.

Il t'empêche d'envoyer
des textos quand tu es bourré.

5.

Il te fait relativiser.

TEST : QUEL EST VOTRE ANIMAL TOTEM ?

SI VOUS ÉTIEZ UN OBJET DU QUOTIDIEN, VOUS SOUHAITERIEZ ÊTRE :

A La dernière feuille d'un rouleau de PQ, le truc qui met bien la pression aux gens.

B Un sac banane, pour ranger les billes et les pogs.

C Un sous-vêtement que vous avez mis la veille, car on s'y sent au chaud.

D Un réacteur d'avion très puissant, mais doux à l'intérieur.

QUEL EST VOTRE HÉROS DE FICTION FAVORI ?

A Heisenberg, le mec qui est le danger et qui frappe à votre porte.

B Harry Potter, ce fragile adolescent qui lance des sorts avec un bout de bois.

C Ellen Ripley, car elle met la misère aux Aliens alors que vous avez peur de votre ombre.

D Luke Skywalker, le type qui se trimballe avec un néon en guise de sabre.

QU'EST-CE QUE VOUS PRÉFÉREZ MANGER ?

A Jambon-chips-Nutella, le repas des champions.

B De la viande, cuisson saignante, avec une sauce au poivre et une carafe d'eau.

C Des cailloux.

D La pelouse de votre jardin, ta tondeuse est cassée.

VOUS ÊTES COINCÉ DANS LES BOUCHONS :

A Vous écoutez du Céline Dion, fenêtres ouvertes, pour que les gens profitent de vos vocalises.

B Vous klaxonnez comme un bourrin, car c'est connu que plus vous faites de bruit, plus vite ça avance.

C Vous faites des bruits de dérapage avec la bouche.

D Vous appelez la famille pour lui faire vos adieux.

VOUS DÉCOUVREZ LE VOYAGE DANS LE TEMPS, QUELLE ÉPOQUE CHOISISSEZ-VOUS ?

A Le Moyen Âge, pour choper la peste noire - c'est rigolo, les pustules..

B La Grèce antique, pour finir en slip avec 299 copains et dîner en enfer.

C L'époque des dinosaures, pour chevaucher un tricératops et trouver la Vallée des Merveilles.

D L'An 2500, pour voir si on peut devenir un cyborg et acheter une voiture qui vole.

QUELLE EST VOTRE PLANÈTE DU SYSTÈME SOLAIRE PRÉFÉRÉE ?

A Mercure, car il y fait chaud et que vous aimez suer et lécher ce qui coule de vos aisselles.

B La Lune, car vous avez raté votre CE1.

C Mars, car vous aimez les Snickers et la guerre.

D Uranus, car ça ressemble à « anus » et que votre humour est bancal.

VOUS AVEZ UNE MAJORITÉ DE A :

Votre animal totem est le faucon pèlerin.

Vous courez le 100 mètres en 8 secondes, vous êtes malin et espiègle, et vous savez piloter de gros avions. Alors, bien sûr, vous plaisez à la gent féminine et à la gent masculine. Et vous pouvez bosser au Puy du Fou, c'est bonne ambiance.

Votre destinée : espion pour le gouvernement, vous serez trahi par votre pays et victime d'une expérience faisant de vous un mutant. Et du coup, ce sera 50/50. Vous deviendrez soit un super-héros super fort et rapide, soit un gros loser avec le pouvoir de transformer les bouches d'incendie en lot de casseroles Tefal.

VOUS AVEZ UNE MAJORITÉ DE B :

Votre animal totem est le tigre.

Féroce et puissant, vous êtes la personne la plus stylée qu'on connaisse. En plus de ça, vous êtes canon, élégant, vous avez 16 en sport, 19 en maths et 17 en arts plastiques. Et vous avez déjà votre cavalier ou cavalière pour la boum de vendredi soir.

Votre destinée : vous pouvez être président du monde ou maître en arts martiaux, mais il faut choisir. Par contre, tous les mois de février pendant trois jours, vous aurez un rhume et mal à un doigt. C'est comme ça, vous ne pouvez rien y changer, mais chacun vit avec ses difficultés.

VOUS AVEZ UNE MAJORITÉ DE C :

Votre animal totem est le tyrannosaure.

Vous régniez sur la Terre, mais il y a très longtemps, genre cent ans au moins. Même si on se fout de la gueule de vos petits bras, vous vous en fichez car vous avez une mâchoire de bourrin. D'ailleurs, vous aimez manger vos amis, les objets, mais aussi de gros diplodocus des familles.

Votre destinée : fossile.

VOUS AVEZ UNE MAJORITÉ DE D :

Votre animal totem est le tardigrade.

Alors comme ça, vous paraissez un peu pourri alors que vous pesez tellement. Vous pouvez résister aux produits toxiques, à la déshydratation, aux températures proches du zéro absolu (- 272,8 °C), aux hautes températures (150 °C), aux radiations et au vide spatial. Et vous pouvez tirer des lasers avec vos yeux.

Votre destinée : après une apocalypse nucléaire, vous serez l'un des seuls survivants, vous refonderez l'humanité, puis vous partirez dans l'espace infini pour bâtir de nouvelles civilisations.

NOSTALGIE

TOP 20 DES TRUCS QUE TU AS CONNUS SI TU AS GRANDI À LA CAMPAGNE

1. Tu t'es toujours moqué des gens qui ont peur des insectes.

2. Tu as passé ton permis à dix-huit ans et un jour.

3. Avant de passer le permis, tu as vachement marché. Mais genre, « vachement ».

4. Tu as longtemps cru que les « Parisiens » étaient tous les gens qui n'habitaient pas dans ton département.

5. Tu es capable de nommer toutes les familles à des kilomètres à la ronde de là où tu as grandi.

6. Tu as eu une Mobylette et tu lui as ajouté un pot Bidalot.

7. Tu ne piges pas le concept de « pelouse interdite ».

8. Tu peux t'endormir malgré l'aboiement d'un chien dans le quartier, mais pas avec le bruit de la circulation.

9. Tu as mangé tes premiers sushis après ta majorité.

10. Tu as pris l'habitude de dire bonjour aux gens.

11. Tu as déjà été privé d'eau et d'électricité pendant dix jours.

12. Tu passes ton temps dans un Abribus avec ton gang.

13. Tu avais une cabane.

14. Tu as conduit un tracteur avant d'être majeur.

15. Tu pouvais jouer sur la route sans aucun risque.

16. Tu savais faire la différence entre les odeurs de fumier, de purin et de lisier.

17. La Fête de la Musique avait lieu le 20 juin.

18. Tu pouvais voir les étoiles briller dans le ciel sans AUCUN lampadaire.

19. Tu allais te baigner dans la rivière.

20. Tu t'es déjà fait courser par un fermier ou un agriculteur en colère.

TOP 4 DES TRUCS QU'ON FAIT À NOËL

1. Noël à 3 ans

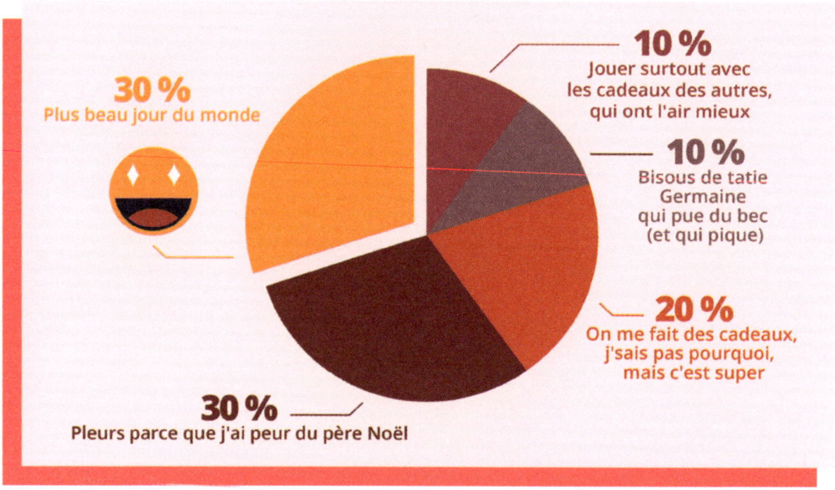

2. Noël à 6 ans

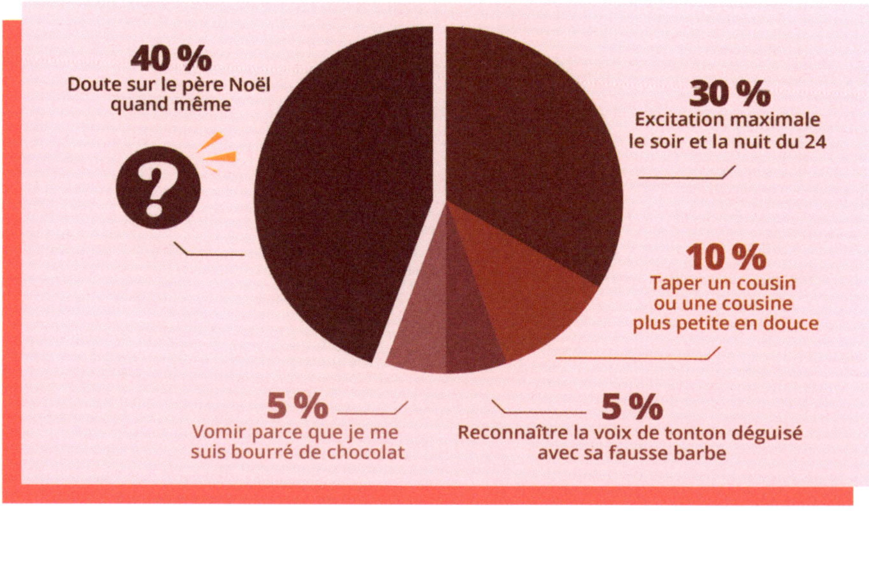

EN FONCTION DE NOTRE ÂGE

3. Noël à 10 ans

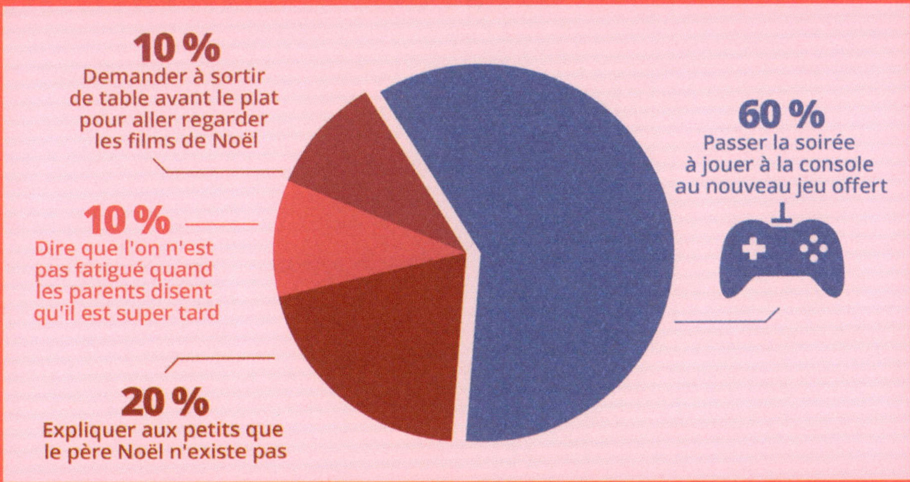

4. Noël à 18 ans

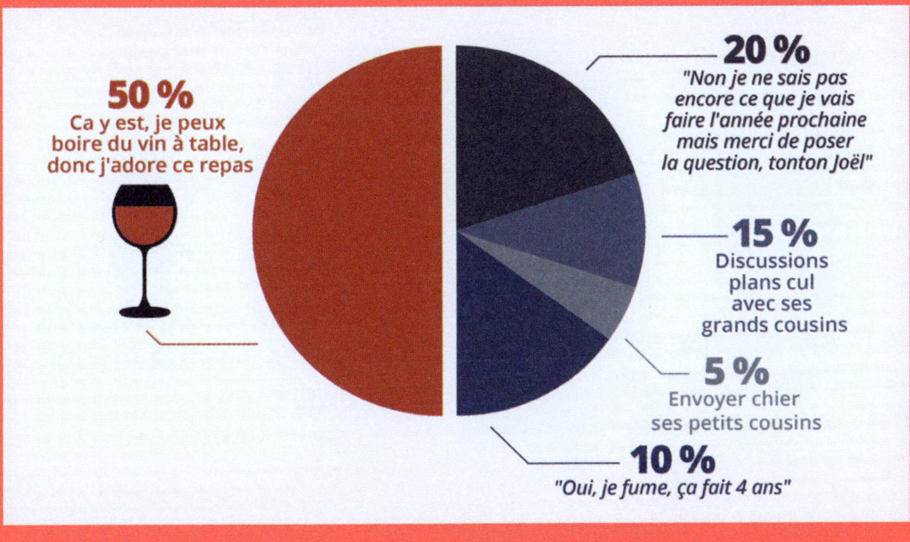

TOP 5 DES RAISONS DE PENSER QUE PÈRE CASTOR N'EST PAS NET

1.

Il se balade la queue à l'air.
Même dans une communauté de castors aux mœurs légères, il y a des limites, surtout devant des gosses.

2.

Il n'a qu'un fauteuil pour quatre.
Et c'est toujours lui qui le prend, ce bâtard...

3.

Il vit tout seul sur une île paumée au milieu d'un lac perdu dans la montagne.
On ne se donne pas autant de mal pour fuir la civilisation quand on est en paix avec soi-même. C'est sûr, ce mec a des choses à cacher.

4.

On ne les voit pas beaucoup, les parents de Câline, Grignotte et Benjamin.
Ça sent l'alerte enlèvement à plein nez, cette histoire.

5.

Y a même pas de télé chez lui.
On doute qu'il avait l'électricité et, s'il a un ordi, on ne veut pas voir son historique.

TOP 4 DES HISTOIRES GLAUQUES QUI SE CACHENT DERRIÈRE LES DISNEY

1.

La Petite Sirène

Pour la plupart des gens, *La Petite Sirène* est un joli dessin animé sur un amour impossible qui, par miracle, le devient. Ariel épouse son prince et tout le monde est content. Mais dans le conte de Hans Christian Andersen, c'est une tout autre musique. Le prince épouse une autre zouz, Ariel veut le poignarder, mais se ravise avant de se suicider. Ça calme.

2.

Pocahontas

Si Pocahontas a peut-être vraiment sauvé un Anglais d'une mort certaine en s'interposant entre lui et le chef Powhatan (son père), son histoire est un peu moins romantique et romanesque que celle dépeinte par Disney. Faite prisonnière par les Anglais en 1613, elle se convertit au catholicisme et se rebaptise Rebecca. Elle épouse par la suite un producteur de tabac et meurt en Angleterre à l'âge de vingt-deux ans sans qu'on sache vraiment pourquoi. On est loin du conte de fées.

3.

Blanche-Neige

Dans le dessin animé, la reine jalouse demande au chasseur de lui rapporter le cœur de Blanche-Neige afin d'être sûre que cette dernière est bien morte. Dans le conte des frères Grimm, ce sont des poumons et un foie que le chasseur rapporte (il épargne Blanche-Neige et tue un jeune sanglier) et que la reine mange, pensant ainsi devenir aussi belle que Blanche-Neige. À la fin, la reine ne tombe pas d'une falaise, mais elle est obligée par Blanche-Neige et ses nains de danser jusqu'à la mort. C'est un peu plus long et cruel, non ?

4.

Bambi

Bambi n'est pas le dessin animé de Disney le plus gai, mais sachez qu'il aurait pu être bien plus triste. Dans le roman de Felix Salten, Bambi se trouve bien une meuf et fait des gosses, mais c'est pour mieux les abandonner et partir vivre tout seul dans la forêt, nostalgique et un peu dépressif. (Et Pan-Pan n'existe pas.)

TOP 4 DES RÉPONSES AUX QUESTIONS QU'ON SE POSE SUR LES DESSINS ANIMÉS DE NOTRE ENFANCE

1. À quelle vitesse courent Bip-Bip et le Coyote ?

2. Quel est le QI de Cortex ?

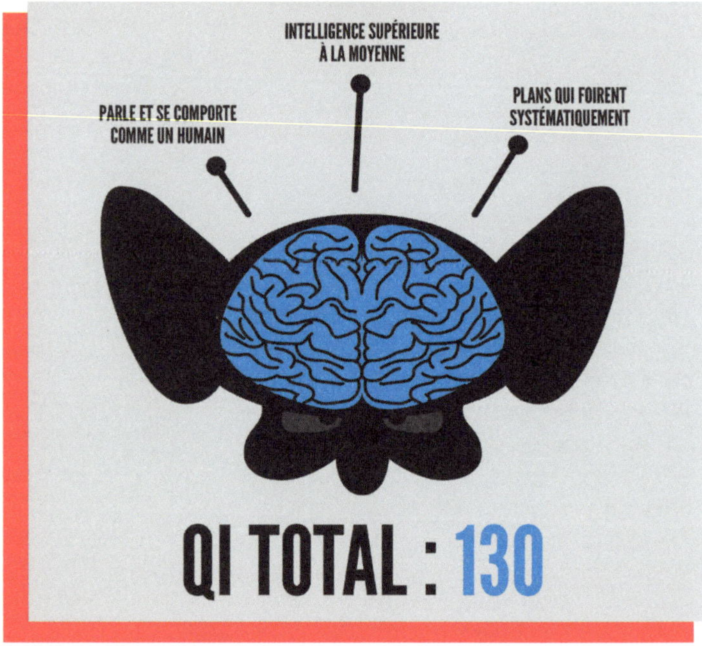

3. De combien de litres d'essence a besoin le Bus Magique pour aller sur Mars ?

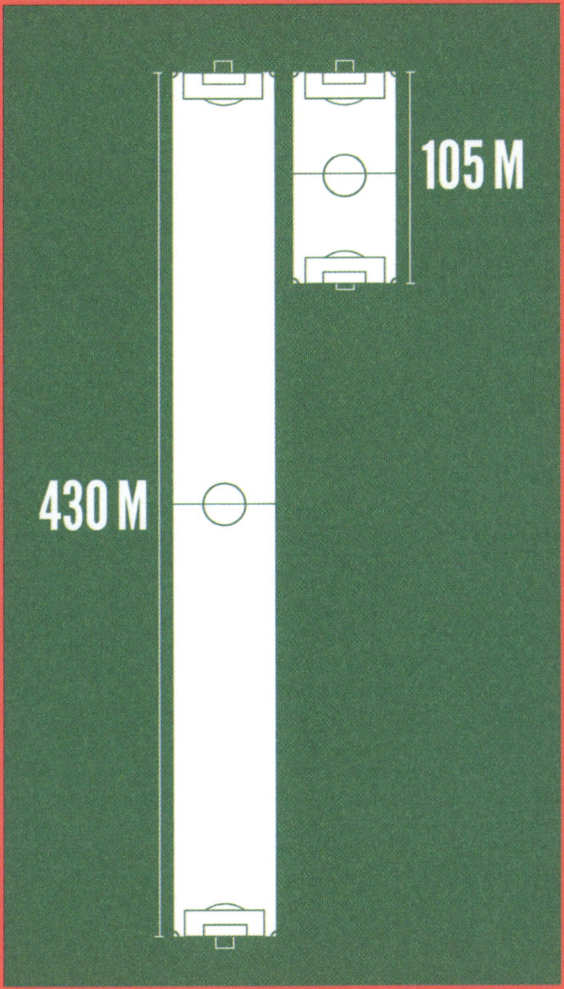

4. Quelle est la longueur du terrain de football dans *Olive & Tom* ?

TOP 20 DES TRUCS QUE TU CROYAIS QUAND TU ÉTAIS EN COLO

1.

Qu'un « mono » de dix-sept ans est un adulte responsable qui a déjà une vie accomplie.

2.

Qu'on peut utiliser le terme « voyage en car » sans quitter le département.

3.

Qu'un cerf-volant est FORCÉMENT en sac-poubelle.

4.

Qu'on peut faire un chocolat chaud en remplaçant le lait par de l'eau.

5.

Que le spiritisme ça existe et qu'on peut en mourir.

6.

Que la Dame Blanche aussi existe, d'ailleurs…

7.

Qu'on ne retrouverait jamais une fille aussi bien que Virginie.

8.

Que Charles le mono qui joue de la guitare est le plus beau mec du monde.

9.

Qu'avec ceux du dortoir, on resterait potes pour la vie.

10.

Que trois kilomètres à pied, c'est vraiment trop long comme balade.

11.

Que l'âge au fond de notre verre, c'est celui auquel on va mourir.

12.

Que la taxe animateur de 50 % sur tous les colis de bonbons qu'on recevait était juste.

13.

Qu'une grasse mat, c'est se lever à 9 heures.

14.

Que les monos, quand même, ils ne foutent rien…

15.

Que ce n'est pas parce qu'on fume une clope « de temps en temps » qu'on va devenir dépendant.

16.

Que deux mois de vacances, « c'est court quand même ».

17.

Que jouer du Tryo à la guitare, ça doit être vachement dur.

18.

Qu'« action et vérité » reste le moyen le plus sûr de « rouler des palots ».

19.

Que le directeur de la colo est un homme de pouvoir.

20.

Que l'enfance, ça durerait tout le temps…

TOP 3 DES SOUVENIRS DE L'INTERNAT QU'ON N'OUBLIERA JAMAIS

1. Les batailles de coussins

2. La gueule du directeur au réveil

3. La circulation dans le noir et sans bruit

TOP 10 DES PETITES GALÈRES QUE NE CONNAÎTRONT PAS NOS ENFANTS

1.
Rembobiner des cassettes audio avec un stylo.

2.
Se rendre compte, deux mois après, que les photos qu'on a prises sont merdiques.

3.
Appeler le cinéma pour savoir si le film qu'on veut voir passe bien à l'écran.

4.
Attendre que la chanson qu'on aime passe à la radio pour l'enregistrer sur cassette.

5.
Devoir effacer un film qu'on aimait pour un film qu'on aimerait (peut-être) plus.

6.
Filer un rendez-vous à quelqu'un qui ne vient pas et ne pas avoir assez de pièces pour l'appeler d'une cabine.

7.
Tenter de découvrir sa sexualité avec le catalogue de La Redoute.

8.
Rechercher dans les pages jaunes un numéro de téléphone.

9.
Faire ses exposés sans Wikipedia, mais avec… ENCARTA.

10.
Les joies du vidéoclub.

TOP 5 DES COMPTINES DE NOTRE ENFANCE (BEAUCOUP) PLUS TRASH QU'IL N'Y PARAÎT

1.

« Au clair de la lune »

Cette célèbre chanson du XVIIIe siècle parle de prostitution : le personnage est en quête d'une bonne âme pour rallumer le feu de sa chandelle morte. Et au cas où vous ne l'auriez pas compris, quand on dit « chandelle », on ne parle pas d'une jolie petite bougie parfumée au cèdre des bois, mais de la grosse chandelle qu'il cache dans son pantalon.

2.

« À la pêche aux moules »

« À la pêche aux moules, moules, moules, je n'veux plus y aller, maman. [...] Sont-ils de bons enfants, quand une fois ils vous tiennent, tiennent, tiennent. Sont-ils de bons enfants, ils vous font des petites caresses. » Ça ressemble quand même à s'y méprendre à un viol, cette histoire.

3.

« Une souris verte »

La comptine nous paraissait déjà un peu barbare quand c'était une souris qu'on trempait dans l'huile, dans l'eau et tout le tintouin, nous sommes donc un poil choqués d'apprendre que la souris est en fait une métaphore pour un pauvre soldat vendéen capturé par les républicains et lamentablement torturé.

4.

« À la claire fontaine »

« C'est de mon ami Pierre, qui ne veut plus m'aimer, pour un bouton de rose, que je lui refusais. » Il n'y a clairement pas besoin d'avoir fait Polytechnique pour comprendre que Pierre voulait tremper sa nouille et que la malheureuse qui a refusé s'est fait traiter plus bas que terre. Une image de la femme moderne et égalitaire, c'est génial.

5.

« Il court, il court, le furet »

Sous ses airs de petite innocente, cette chanson cache l'une des plus célèbres contrepèteries anticléricales de la langue française. En effet, on mélange un peu les lettres, et hop, « il court, il court, le furet » devient « il fourre, il fourre, le curé ». Et voilà ce qu'on apprend à nos enfants !

TOP 4 DES TRUCS QU'ON FAISAIT TOUS QUAND IL N'Y AVAIT PAS DE PORTABLE

1. Monopoliser "le fixe" pendant deux heures

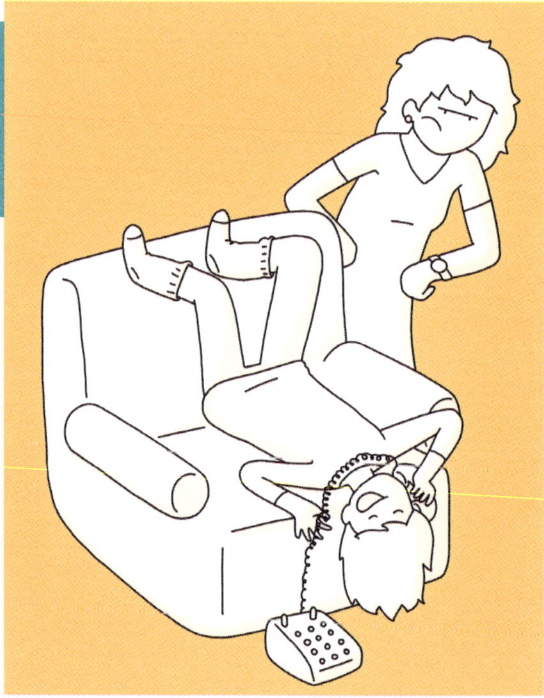

2. Lire dans le métro

3. Se retenir de faire pipi dans l'attente d'un coup de fil

4. S'engueuler sur l'interprétation d'une carte routière

TOP 17 DES PIRES MENSONGES QU'ON A RACONTÉS À NOS PETITS FRÈRES ET SŒURS, FALLAIT PAS ÊTRE SI NAÏFS

1.

Tu as été adopté.

2.

Et sa douce variante : « T'as été échangé à la naissance. »

3.

D'ailleurs, maman vient de me dire que j'étais son préféré.

4.

Si tu fais pas ce que je te dis, le père Noël ne te donnera pas de cadeaux.

5.

Y a un monstre dans le placard de ma chambre.

6.

Tu me prêtes ta Game Boy ? T'inquiète, je te la rendrai.

7.

Non, je n'ai pas vu tes nouvelles baskets.

8.

Rends-moi mon jouet. Promis, je ne te frapperai pas.

9.

Ah, au fait, papa m'a dit que c'était à toi de mettre la table.

10.

Si tu ranges ma chambre, je ferai tes devoirs.

11.

Mais ça fait que cinq minutes que j'ai commencé à jouer !

12.

Va me chercher ça. Allez, je te chronomètre.

13.

Ferme les yeux et ouvre la bouche. Promis, c'est pas un piège.

14.

Mais non, la lumière n'est pas éteinte ! Sérieux, tu vois rien ? Merde, t'es devenu aveugle…

15.

Ton doudou est parti vivre au pays des doudous.

16.

Je sais parler chinois : « *Tching tching tchong tchang.* »

17.

Mais non, ce n'est pas dangereux.

TOP 5 DES INFOGRAPHIES SUR NOS FRÈRES ET SŒURS

1. Les trucs qu'on a appris grâce à nos frères et sœurs

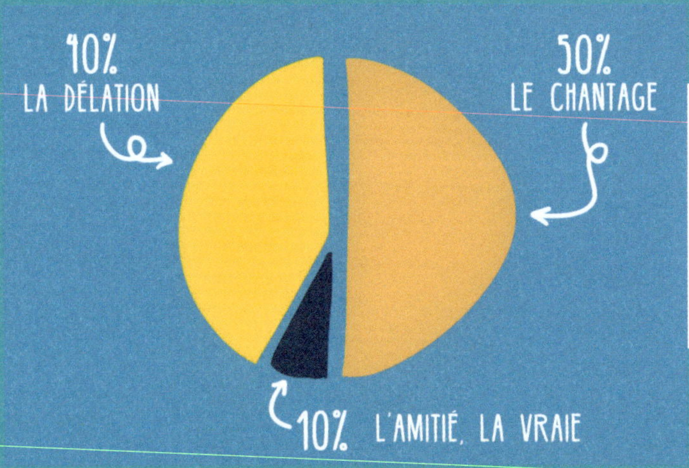

2. L'amour que tu portes à ton frère / ta sœur

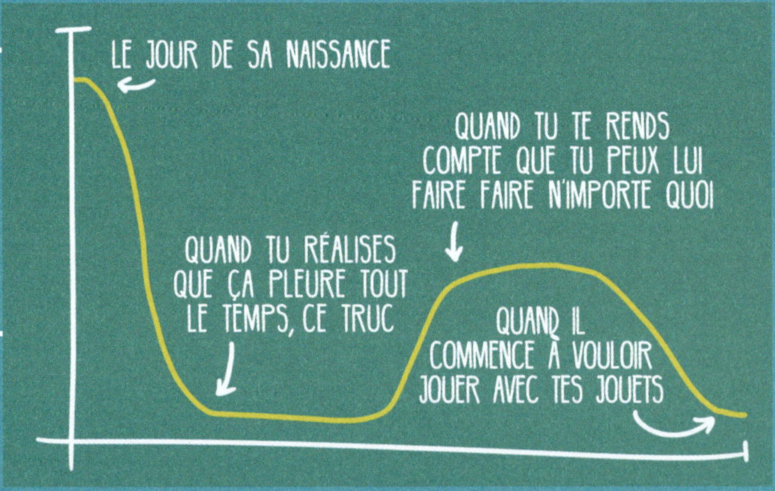

3. Les sources d'engueulade

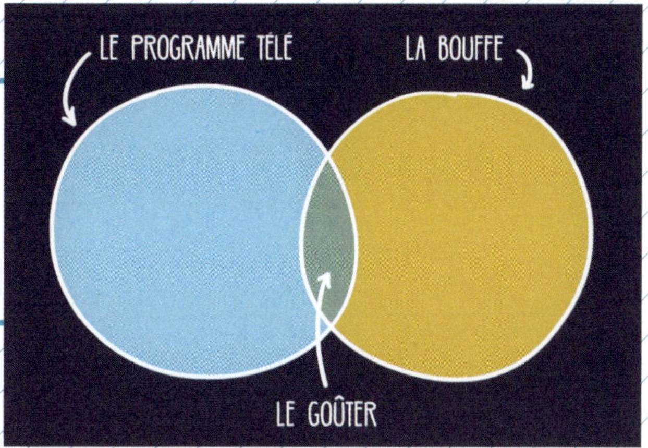

4. Pourquoi c'est cool d'avoir un grand frère

5. Les trucs qu'on a volés dans la chambre de notre grande sœur

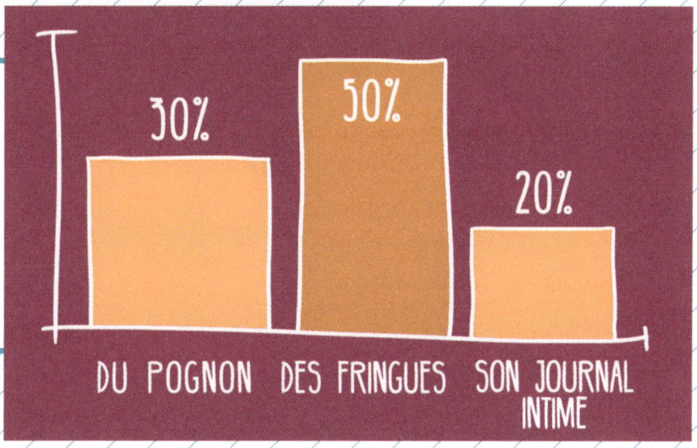

TOP 10 DES FAÇONS DONT ON A RUINÉ NOS PARENTS

1.

Jouer à des jeux à la con sur le téléphone ou le Minitel.
Parce qu'on voulait passer à Hugo Délire ou aider Batman à défoncer le Joker, tout ça en appuyant bien sur la touche 2 quand la voix nous le demandait.

2.

Des tonnes de CD vierges pour graver des jeux auxquels on n'a finalement jamais joué.
Mais aussi des films et des séries qu'on n'a jamais regardés.

3.

Les forfaits de téléphone avec textos qui n'étaient pas illimités.
Et qu'on écrivait encore à l'époque en langage SMS pour ne pas trop les ruiner quand même...

4.

De nouvelles piles pour la Game Boy tous les mois.
Si on avait été un peu plus dégourdi, peut-être qu'on aurait réussi à défoncer Bowser, sauver Zelda et faire plus de cent lignes à Tetris en moins de 250 heures de jeu.

5.

Des VHS de TOUS les Disney.

En plus, on regardait le même tout le temps (*Le Roi Lion*), même si on aimait bien les autres (enfin, c'était pas *Le Roi Lion*).

6.

Des tonnes de paquets de Panini pour « finir l'album ».

Quand on sait qu'il fallait un millier de pochettes à 10 francs pour avoir un album complet, on se dit que le prix de revient d'un album avec des autocollants de mecs qui jouaient à Lorient n'en valait pas vraiment la peine.

7.

Avoir des vêtements de marque.

Liste non exhaustive de marques de vêtements à 400 balles qu'on était sûr de porter toute notre vie et dont on a honte maintenant : O'Neal, Creeks, DDP, LC Waikiki, Chevignon, Quiksilver, Com8, Ellesse, Bullrot, Poivre Blanc, LA Gear, Kanabeach, Lotto, etc.

8.

Les céréales les plus chères qu'on ne finit jamais.

Tout ça parce qu'il y avait un jouet dedans. Certains remplissaient même leurs bols deux fois trop pour consommer plus, afin de retoucher le pactole (un jouet en plastoque pourri) plus vite.

9.

La connexion Internet, avant l'ADSL.

Celle qu'on payait à la minute. Celle qui coupait le téléphone. Celle qui faisait un bruit de tronçonneuse malade pendant dix minutes à chaque connexion. Bref, celle qui nous a offert nos premières joies sur le Net.

10.

Les billes, les pogs, les JoJo's, les Babies et autres modes éphémères.

Même si c'était de la daube en plastique, c'est bien simple : on adorait.

TOP 5 DES PETITS SCHÉMAS HONNÊTES SUR NOS MAMANS

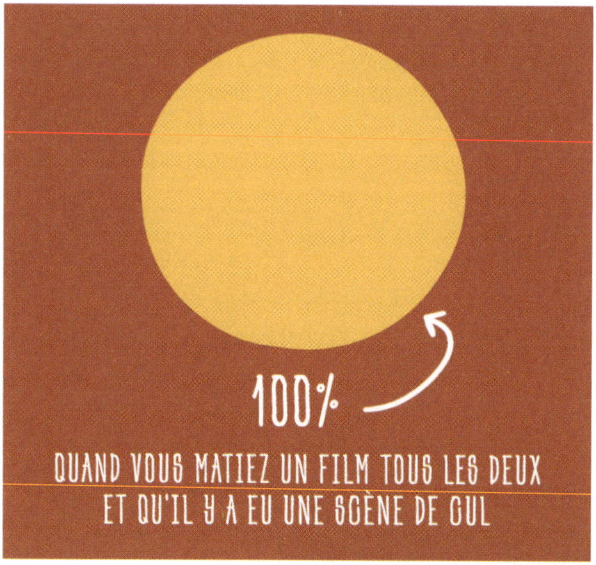

1. Ton souvenir le plus gênant avec ta mère

2. Les choses auxquelles ta mère croit encore aujourd'hui

1	QUE TU NE FUMES PAS
2	QUE TU NE BOIS PAS
3	QUE TU N'AS JAMAIS TIRÉ SUR UN JOINT

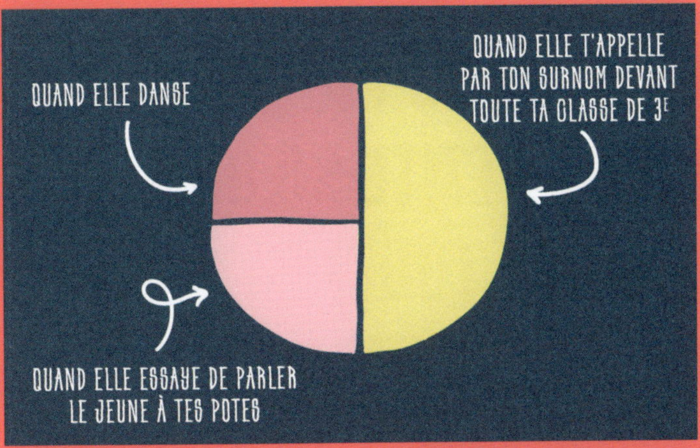

3. Les moments où tu as honte de ta mère

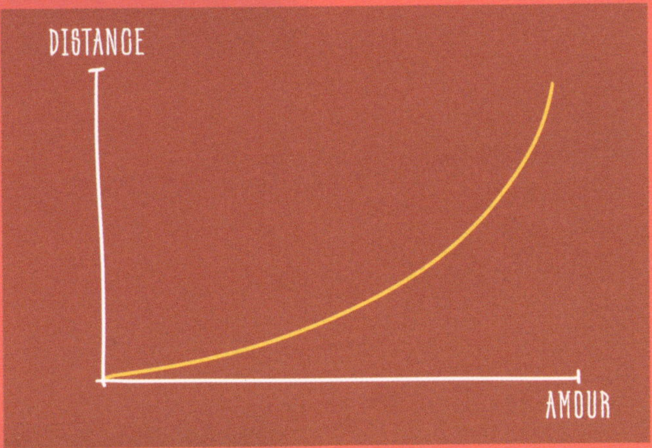

4. L'amour que tu portes à ta mère

5. Ce qu'elle pense quand tu lui présentes ton mec / ta meuf

TOP 8 DES BONNES RAISONS D'AIMER SA PETITE SŒUR (MALGRÉ TOUT)

1.

Elle accapare tes parents.

Et si entre 0 et 11 ans, ça te dérange, une fois entré dans la douce période de l'adolescence, tu lui seras reconnaissant(e) d'occuper les parents pendant que tu explores tes désirs d'autonomie et d'émancipation.

2.

Elle t'occupe.

Tu t'ennuies ? Rien de mieux que de l'emmerder un peu, c'est drôle et gratuit. Pour cela, les méthodes sont quasiment illimitées : elles vont du vol de la peluche à la pichenette sur l'arrière de la tête en passant par le légendaire « t'es moche ».

3.

Elle est riche.

La petite souris + papy et mamie = un porte-monnaie bien plus rempli que le tien. Ne te reste plus maintenant qu'à mettre en place un stratagème diabolique pour récupérer son fric.

4.

Elle t'admire.

Oui, tu es son modèle, tu parais génialissime à ses yeux, si tu as de la chance, ta petite sœur a des amis, et là tu deviens la divinité de l'école primaire. Donc remercie-la, grâce à elle une vingtaine de gamins t'ont vénéré(e) toute leur enfance.

5.

Elle regarde les dessins animés au p'tit déj.

Et te donne donc l'excuse rêvée pour manger tes céréales pépouze devant TFou, chose que tu aurais tout de même un peu de mal à assumer si elle n'était pas là.

6.

Elle est ta meilleure amie.

Alors oui, peut-être qu'à l'heure où nous te parlons, elle te sur-soûle et que tu as envie de la broyer, mais promis, un jour ou l'autre, elle sera ta meilleure pote. Et même que tu feras des soirées avec elle et que tu aimeras ça. On sait, ce n'est pas évident à croire.

7.

Elle te responsabilise.

Parce qu'en tant que grand frère ou grande sœur, tu es aussi son/sa baby-sitter officiel(le). Quand tes potes galèrent à faire des pâtes, toi, tu sais parfaitement gérer la bouffe, le bain et les devoirs depuis que tu as douze ans.

8.

Elle est naïve.

Tu ne veux pas faire quelque chose ? Avec un peu d'ingéniosité, toutes les corvées ménagères peuvent devenir un jeu hilarant. « Hé, je connais un jeu génial : tu es ma servante et tu ranges ma chambre, tu fais mon lit et mes lacets... Tu vas voir, c'est drôle. »

TOP 4 DES TECHNIQUES DE

1. Lui tirer les cheveux

2. Lui offrir une bague en plastique

DRAGUE DE COURS DE RÉCRÉ

3. Jouer à « action ou vérité »

4. L'inviter pour un slow

TOP 8 DES GALÈRES DE VIEUX GAMERS QUE LES PETITS JEUNES NE PEUVENT PAS CONNAÎTRE

1.

Souffler dans les cartouches de jeu pour espérer les faire fonctionner.

La légende voulait que cette technique débarrasse les saletés incrustées dans les ports de la cartouche. On sait aujourd'hui que cela ne servait à rien, si ce n'est à nous donner l'impression d'être de vieux sorciers gamers.

2.

Laisser la console allumée pour reprendre sa partie là où on l'avait laissée.

Et croiser les doigts pour que personne n'ait eu la mauvaise idée de l'éteindre, pensant nous rendre service.

3.

Retourner la console dans tous les sens pour lancer un jeu.

Un problème de lecture d'un jeu PS2 ? Pas de problème, il suffisait la plupart du temps de basculer la console à la verticale pour pouvoir lancer sa partie. Et Dieu que c'était cool.

4.

Collectionner des bouts de papier remplis de codes.

Entre les listes de cheat codes piqués dans TILT et ceux des sauvegardes de nos précédentes parties, notre chambre ressemblait à celle d'un dangereux déséquilibré collectionnant les incantations mystiques.

5.

Devoir jongler entre la prise Péritel de la console et celle du magnétoscope.

C'était le temps où il fallait se faufiler derrière le poste pour connecter la Péritel de la console à la place de celle du magnétoscope, soit le truc le plus galère du monde.

6.

Entendre nos parents nous expliquer que les jeux vidéo bousillaient le tube cathodique de la télé.

On était donc pressé de voir arriver sur le marché des téléviseurs HD. Juste pour ne plus entendre ces théories.

7.

Faire la collection de piles neuves… et usagées.

Oui, on a inventé la console portable avant la batterie rechargeable sur une prise USB. C'est con, hein ?

8.

Se flinguer la rétine à cause des fils de manettes trop courts.

Et se faire pourrir parce qu'on jouait trop près de la télé.

TOP 3 DES HÉROS DE NOTRE ENFANCE VERSION HONNÊTE

1. Les Tortues Ninja et Franklin

2. Sasha et ses Pokémons

3. Denver, le dernier dinosaure

TOP 5 DES MÉTIERS QU'ON VOULAIT FAIRE QUAND ON ÉTAIT PETIT ET CE QU'ILS SONT EN RÉALITÉ

1.

Pompier

Ce qu'on pensait faire : sauver des gens des flammes avec un gros camion rouge et une sirène qui fait du bruit.

Ce qu'on fait vraiment : aller chercher les chats dans les arbres, répondre à des blagues téléphoniques et ramasser des clodos.

2.

Policier

Ce qu'on pensait faire : arrêter des méchants, préserver la paix dans le monde et rouler dans une voiture qui a la classe.

Ce qu'on fait vraiment : se déplacer dix fois par nuit pour tapage nocturne et camper six heures de suite derrière un radar.

3.

Footballeur

Ce qu'on pensait faire : marquer un but en finale de Coupe du monde.

Ce qu'on fait vraiment : faire du tuning en short sur une bagnole fluo.

4.

Maîtresse d'école

Ce qu'on pensait faire : apprendre de la poésie à vingt gamins tous plus mignons les uns que les autres.

Ce qu'on fait vraiment : prendre du Lexomil en attendant sa mutation et ses vacances d'été.

5

Vétérinaire

Ce qu'on pensait faire : sauver la vie de petits chats mignons et être aimé de tous.

Ce qu'on fait vraiment : finir avec son bras dans le cul d'une vache (et jusqu'au coude).

TEST : QUEL MÉCHANT DE FILM DE DISNEY ES-TU ?

QUEL ANIMAL AIMERAIS-TU AVOIR CHEZ TOI ?

A Un énorme truc poilu.

B Des écureuils qui font la vaisselle.

C Des hyènes pour te protéger.

D Un petit truc poilu.

QUEL EST TON RIRE DIABOLIQUE ?

A Hi hi !

B Ho ho ho ho !

C MDR JPP doné mwa dlair !

D MOUAHAHAHAHAHAHA !

QUE VOUDRAIS-TU POSSÉDER SI TU ÉTAIS UNE PRINCESSE ?

A Un château gonflable.

B Un château dans le ciel.

C Un château-margaux.

D Un chapeau.

QU'EST-CE QUI TE CARACTÉRISE LE MIEUX ?

A L'eau, symbole de vie.

B Le feu, symbole de vie aussi.

C Le cœur, symbole de l'amour.

D La pizza, symbole du gros ventre..

QUE SOUHAITERAIS-TU AVOIR À LA PLACE DE LA MAIN ?

A Un crochet pour faire porte-manteau.

B Des coussinets avec des griffes pour faire peur.

C Un pied pour courir plus vite.

D Une raquette de ping-pong, ce sport extrême.

TU AS UNE MAJORITÉ DE A :

Tu es Hades.

Tu es le dieu des enfers et tu le vaux bien. Tout ce qui touche à la mort, au feu et à la destruction, c'est un peu ton dada. Tu es le méchant le plus cool qui puisse exister. Tu as une chevelure parfaite, une dentition parfaite, un coupé-décalé parfait, ton swing au golf est de bonne qualité, et tu réussis les créneaux dès le deuxième coup.

TU AS UNE MAJORITÉ DE B :

Tu es Maléfique.

Alors pour se transformer en dragon, il y a du monde, mais pour trouver un nom stylé, c'est l'hécatombe. Parce que faut avouer que « Maléfique », c'est un adjectif, quand même. En plus de ça, avoir comme meilleur ami un corbeau, merci, mais non merci. Du coup, si tu te tires, on ne te demande pas pourquoi tu es parti(e) sans motif.

TU AS UNE MAJORITÉ DE C :

Tu es Scar.

Tu tues ton propre frère et tu n'es pas très gentil avec ton neveu afin d'accéder au trône de la savane. Niveau enflure, on a rarement connu mieux. Amateur de trigonométrie, tu aimes jouer le samedi à la pétanque et tu apprécies de monter dans le Caddie au supermarché. Bref, tu n'es pas quelqu'un de bien.

TU AS UNE MAJORITÉ DE D :

Tu es Hans.

Tu es le méchant fragile, soit la pire espèce de l'univers. Tous les autres méchants montrent fièrement leur projet diabolique, mais toi, tu fais tout en douce, un peu comme une crème hydratante toute nulle. On devrait te brûler sur un bûcher, mais comme on n'a plus de feu et qu'on a la flemme de couper du bois, on va plutôt poser un seau rempli d'eau au sommet d'une porte et te demander de l'ouvrir.

COUPLE

TOP 20 DES TRUCS QUE TU PEUX DIRE DE TON APPART, MAIS PAS DE TON MEC OU DE TA MEUF

1.
« Ce week-end, je refais toute la plomberie. »

2.
« C'est toujours ouvert pour les potes, tu sais. »

3.
« C'est pas bien grand, mais je m'y sens bien. »

4.
« Tu peux enlever tes chaussures avant d'entrer ? »

5.
« Je vais peut-être le louer pendant les vacances… »

6.
« C'est sûr, avec cette taille, c'est de l'entretien. »

7.
« L'odeur ? C'est une remontée d'égouts, je pense, pas moyen de savoir d'où ça vient. »

8.
« Je n'en suis pas sorti du week-end ! »

9.

« J'aimerais bien inviter mon père, mais j'ose pas. »

10.

« Fais pas attention à la saleté... »

11.

« Le souci, c'est qu'il est un peu petit et mal foutu. »

12.

« Y a que là que je suis à l'aise pour faire caca. »

13.

« Si tu rentres tard, passe par la porte de derrière. »

14.

« C'est petit, mais on s'y fait. »

15.

« Je l'ai choisi pour les poutres apparentes. »

16.

« J'en peux plus, y a des champignons partout. »

17.

« Je changerais bien, mais quand tu vois comme j'ai galéré pour avoir celui-ci... »

18.

« Avant, c'était celui de ma sœur. Elle me l'a donné, elle en avait plein le cul. »

19.

« Il y a un vieux qui est mort dedans, mais il est quand même très sympa. »

20.

« C'est Stéphane Plaza qui m'a aidé(e) à le trouver. »

TOP 4 DES TRUCS CHIANTS QUE FONT LES COUPLES EN PUBLIC

1. ILS NE PARLENT QU'EN « ON ».

2. ILS SE PERÇENT LEURS BOUTONS.

3. ILS S'ENGUEULENT DEVANT TOI.

4. ILS « SE DONNENT LA BECQUÉE » À TABLE.

TOP 6 DES RAISONS DE NE JAMAIS SE METTRE EN COUPLE AVEC UN RUNNER

1.

Il ne fera pas de dimanche matin câlin sous la couette.

Oublie les matinées détente. Non, le dimanche, c'est le jour où il faut se lever bien tôt pour courir bien longtemps parce que les autres jours de la semaine, on ne peut pas. Oublie aussi les grasses mat en semaine, il faut que le runner se lève une heure avant toi pour aller courir.

2.

Il faudra le soutenir (même si c'est très tôt, très loin, et qu'il fait très froid).

Le runner aime quand ses proches viennent le soutenir. Alors que lui s'occupe en courant, toi, tu attends. Très longtemps. Tu le vois pendant trois secondes quand il court devant toi, t'essayes de faire une photo, qui sera floue, et après, tu ne le revois plus jusqu'à la ligne d'arrivée.

3.

Il ne fait pas souvent la fête, car il a toujours une course.

Eh oui, c'est relou, un runner. Quelle que soit la date de l'année, il a toujours une course ou un entraînement spécifique qui fait qu'il ne va pas pouvoir se mettre une bonne race. Il ne faudrait quand même pas que des toxines viennent polluer son corps.

4.

Il a un (gros) budget running.

Les fins de mois sont difficiles. Mais ça n'est pas à cause des sorties, des voyages et des restos... Non, c'est à cause de toutes les fringues à la con qu'il s'achète. « J'avais besoin de nouvelles chaussures... mais elles ne coûtaient que 169 € et elles étaient en solde ! »

5.

Il pue.

Comme tout sportif, le runner transpire. Quand il va rentrer, il va faire sécher ses fringues quelque part dans l'appartement. Fringues qui prennent de la place, qui sont trempées et qui puent. Ça vend du rêve, n'est-ce pas ?

6.

Il lui faut une étagère de fringues de sport.

Tenue d'hiver, tenue d'été, tenue de pluie, tenue de vent, tenue gagnée en course, chaussures d'hiver, chaussures de pluie, chaussures de sprint, chaussures de trail, chaussures de route, chaussures de salle de sport... Le runner accumule BEAUCOUP de fringues.

TOP 4 DES INFOGRAPHIES HONNÊTES SUR LE MARIAGE

1. MARIAGE MAIRIE *VS* MARIAGE ÉGLISE

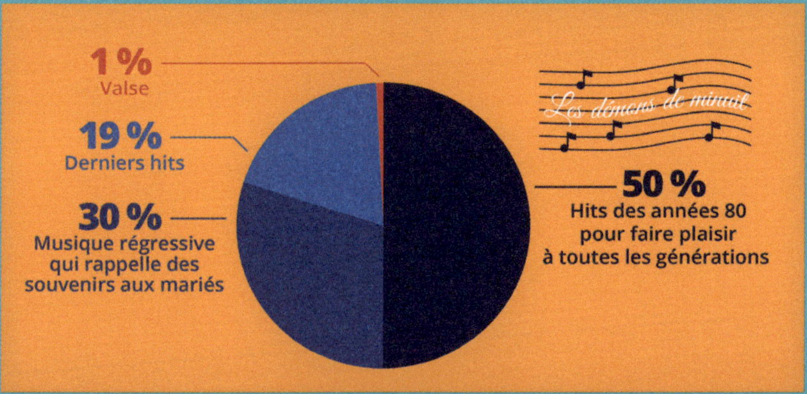

2. LA PLAYLIST DE MARIAGE

3. LES TRUCS LES PLUS DURS

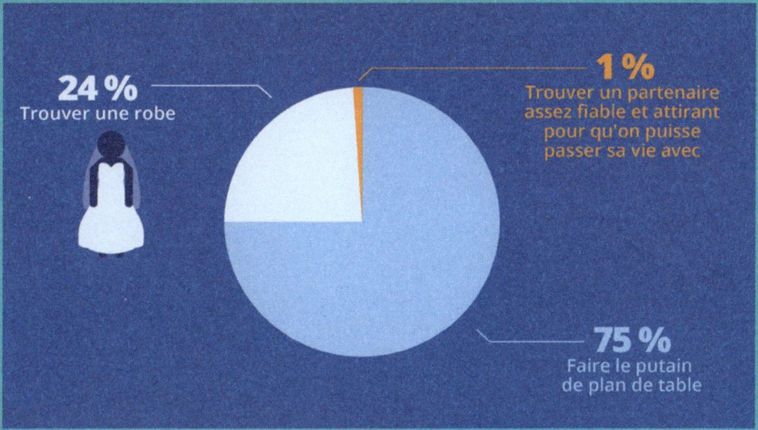

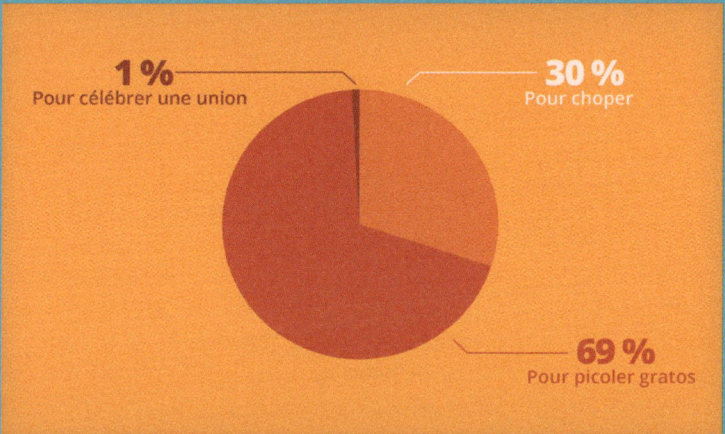

4. POURQUOI TU VAS À UN MARIAGE

TOP 8 DES PETITS CONSEILS POUR RÉUSSIR SA PHOTO DE BITE, C'EST TOUT UN ART

1.

Pas besoin d'échelle.

Légèrement paranos sur la taille de leur manche, les personnes de sexe masculin aiment bien mettre un objet à côté de leur bite afin de rendre compte de l'échelle de la photo et donc de la taille respectable de leur zizi. C'est inutile. Et ça te donnera l'air de ne pas avoir confiance en toi, en lui (on parle de ton zob, là), et donc d'être un coup médiocre.

2.

Surtout pas de tête.

C'est l'erreur du débutant. Pour peu que la personne qui te demande cette photo soit maléfique, tu pourrais te retrouver avec ta tronche + ta bite partout sur Internet. Qui plus est, il n'y a pas de bonne tête quand on pose à côté de sa bite ; du coup, mieux vaut s'abstenir.

3.

On travaille le décor.

Ton destinataire va avant tout regarder la tronche de ton pénis, oui, mais une fois qu'il aura fini d'ausculter Popaul, tu peux être sûr qu'il va jeter un coup d'œil à l'arrière-plan. D'où l'intérêt de ne pas prendre la photo devant tes chiottes cracras et la cuvette relevée, mais plutôt devant une composition florale de bon goût.

4.

Pas de contre-plongée.

Sauf si évidemment tu as très envie de donner l'impression que tu souffres d'une hypertrophie des bourses et que celles-ci font huit fois la taille de ton pénis. Ça peut être un délire comme un autre, hein, on ne juge pas.

5.

NON à la mollesse.

Cette photo n'est a priori pas destinée à ton urologue. Le but est donc d'être excitant, or, *breaking news* : un zgeg tout ramollo, ce n'est pas DU TOUT sexy. Alors on fait un petit effort, les enfants, merci.

6.

Un peu de ménage, ça fait pas de mal.

Sans tomber dans l'épilation totale, qui n'est pas au goût de tout le monde, un petit coup de ciseaux, ça n'a jamais fait de mal à personne. Ton destinataire se dira : « Oh tiens, voilà quelqu'un qui sait entretenir son potager », et non : « Oh mon Dieu, y a-t-il un pénis derrière cette forêt vierge ? »

7.

On élargit le cadre.

Le centre de la composition doit rester ton engin, nous sommes d'accord, mais avouons tout de même qu'il y a plus captivant qu'un pénis sur fond blanc. Pour donner un peu de dynamisme à tout ça, le mieux reste donc d'inclure un bout de torse ou de cuisse. Parce qu'il y a une personne, derrière cette bite.

8.

On fait TRÈS attention au destinataire.

D'abord parce que ça serait con de l'envoyer à « Maman » au lieu de « Mathilde », mais aussi parce que, sans aller aussi loin, on n'envoie pas une photo de bite à quelqu'un qui ne nous l'a pas expressément demandé ni à quelqu'un que l'on ne connaît pas. Alors avant de balancer ta photo, tu t'assures bien que tu ne vas pas faire une grosse connerie.

TOP 4 DES AVANTAGES À ÊTRE CÉLIBATAIRE

1. PERSONNE NE VÉRIFIE SI TU METS LE MÊME CALEÇON DEUX JOURS DE SUITE.

2. TU PEUX AVOIR UN POSTER DE ZIZOU OU DE CHRIS PRATT DANS TA CHAMBRE.

3. TU PEUX VIVRE DANS TON BORDEL.

4. TU N'AS PAS À JUSTIFIER TES LOISIRS LES PLUS HONTEUX.

TOP 10 DES GRANDS PRINCIPES D'ÉDUCATION QU'ON AVAIT AVANT D'AVOIR DES ENFANTS

1.

Ils se brosseront les dents matin et soir.

En vrai : ils se brosseront les dents le soir, vaguement, et c'est déjà pas mal. Et puis, de toute façon, les caries forment la jeunesse.

2.

Ils se tiendront correctement à table.

En vrai : on ne peut pas être sur tous les fronts à la fois, déjà s'ils finissent leur assiette, c'est bien. Cette histoire de coude sur la table pourra attendre quelques années.

3.

Ils diront « bonjour madame » et « bonjour monsieur ».

En vrai : oui, et ils diront aussi : « Mais maman, pourquoi la dame elle est grosse ? Elle a un bébé dans le ventre ? » (la réponse étant évidemment que non, cette dame en surpoids n'a pas de bébé dans le ventre).

4.

À la maison, nous n'aurons que des jouets en bois certifiés développement durable.

En vrai : tu t'es déjà pris un jouet en bois dans la tronche ? Non ? Eh bien, contre toute attente, c'est TRÈS lourd.

5.

Je ne céderai pas à leurs caprices.

En vrai : sauf quand ils se rouleront par terre au supermarché et que, paralysé par la honte et le regard des autres, tu accepteras de mettre 45 € dans cette maudite poupée qui parle.

6.

Ils ne regarderont pas la télé.

En vrai : sans la télé, tu n'aurais pas fait de grasse matinée depuis quatre ans.

7.

Ils rangeront leurs jouets dans leur chambre, je ne veux rien voir traîner dans le salon.

En vrai : c'est fou de voir à quelle vitesse on s'habitue au parc à jouets au milieu du salon et à ces affreux pare-soleil de voiture *Dora l'exploratrice*.

8.

Ils participeront aux tâches ménagères.

En vrai : ils trouveront ça drôle jusqu'à cinq ans, et puis le jour où ils réaliseront que c'est une corvée et non un jeu, ils développeront une surdité partielle concernant les mots « lave-vaisselle », « ranger » et « mettre la table ».

9.

Ils porteront TOUJOURS une casquette à la plage.

En vrai : essaye de faire garder plus de cinq minutes une casquette à un enfant de trois ans et on en reparle (et ne parlons pas des lunettes de soleil).

10.

Ils ne mangeront pas entre les repas.

En vrai : si, si, ils mangeront entre les repas, et le pire, c'est que toi aussi.

TOP 4 DES DIFFÉRENCES ENTRE

1. LA SAINT-VALENTIN

CÉLIBATAIRE

EN COUPLE

2. LE DÎNER

ÊTRE EN COUPLE ET ÊTRE CÉLIBATAIRE

3. DANS LE

CÉLIBATAIRE EN COUPLE

4. CHEZ LA GRAND-MÈRE

TOP 5 DES SMS DE COUPLE DÉCRYPTÉS

1. QUAND ON EST AU SUMMUM DE NOTRE SEXYTUDE

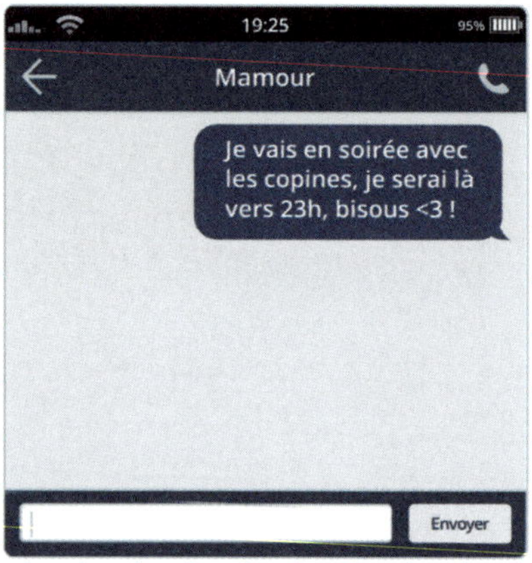

=

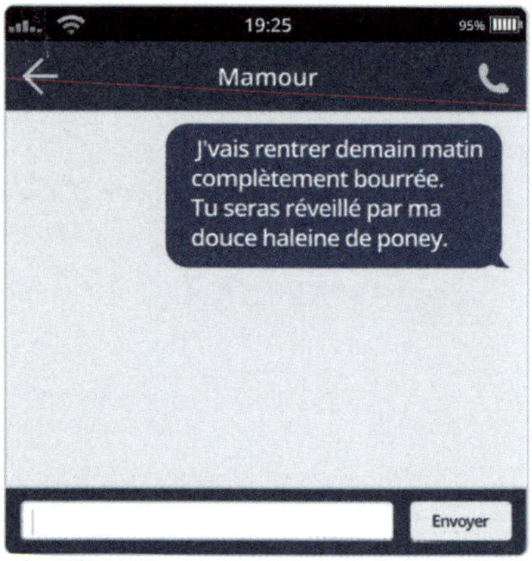

2. QUAND ON EST SEUL(E) DANS LE LIT

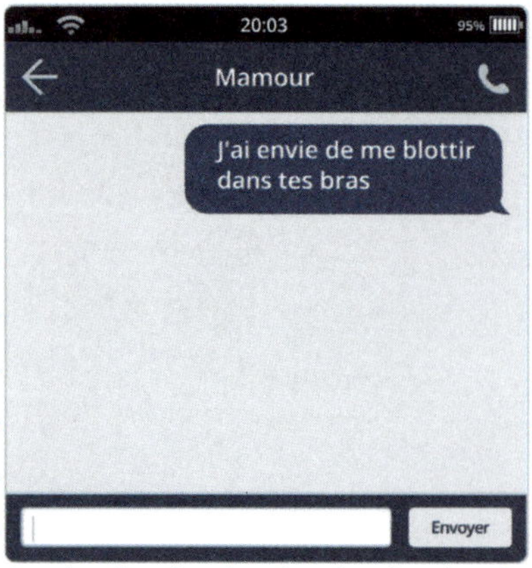

=

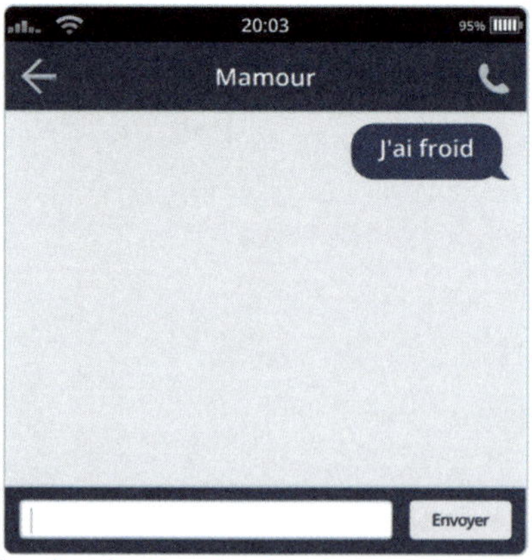

3. QUAND MONSIEUR PEINE À COMPRENDRE LE LANGAGE FÉMININ

4. QUAND ON AURAIT MIEUX FAIT DE DIRE NON À CETTE TOURNÉE DE SHOTS

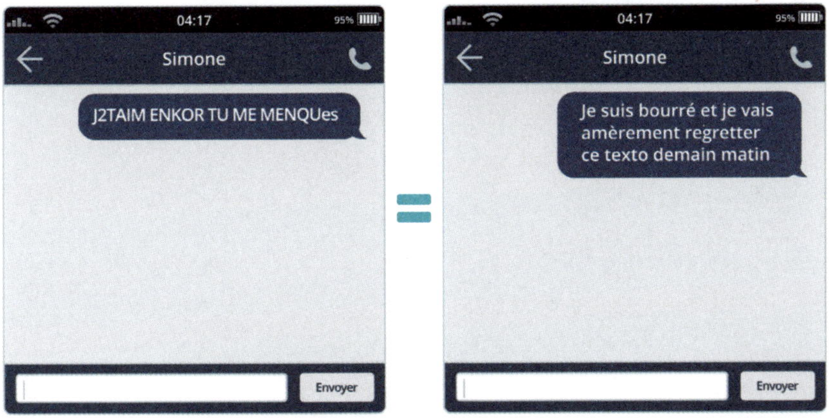

5. QUAND ON EST UN PEU CHONCHON

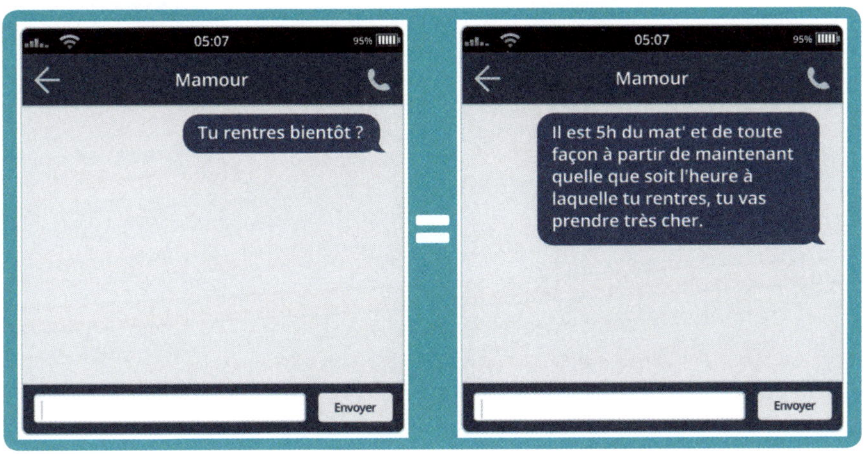

TOP 10 DES MEILLEURES TECHNIQUES POUR FAIRE CHIER TON EX

1. ***Changer son clavier en QWERTY.***
Ou même le voler. Ou même le prendre, le jeter contre un mur, puis y mettre le feu.

2. ***Lui offrir un iPhone et le déclarer volé trois jours plus tard.***
Et signaler que l'individu est dangereux.

3. ***Piquer tous ses lacets de chaussures.***
Sauf s'il porte des chaussures à scratchs, ton plan devrait avoir le statut « machiavélique ».

4. ***Devenir riche. Immensément riche.***
Et acheter des grosses voitures pour faire vrombir le moteur devant son appart.

5. ***Coucher avec sa sœur.***
Et son frère. Et son chien aussi, si tu veux.

6. ***Intervertir les boîtiers de TOUS ses DVD.***
Tu peux aussi en subtiliser deux ou trois au passage, hein.

7. ***Ne pas lui rendre sa thune.***
Que ce soit 3 000 ou 300 000 €, fais le/la mort(e).

8. ***Faire suivre son courrier à une autre adresse.***
Et une adresse trèèèès loin, si possible. Dans un quartier sensible où c'est qu'y a des mitraillettes et tout.

9. ***Cacher du maroilles quelque part dans son appart.***
Petite astuce : le radiateur contribue beaucoup à la propagation de l'odeur.

10. ***Mettre son adresse mail sur plein de forums et de newsletters de cul.***
Quand on dit plein, on ne parle pas de trois sites, mais d'une centaine, voire d'un millier.

TOP 5 DES RAISONS DE NE PAS ATTENDRE SA MOITIÉ POUR MATER UNE SÉRIE

1.

Pour ne pas attendre trois mois et finir par te faire spoiler.

Tu l'as attendu(e) des semaines avant qu'il/elle accepte finalement de se coller dans le canapé. En attendant, tout le monde en a parlé sur Twitter ou au taf. Attendre sa moitié pour mater une série, c'est vivre dans un monde parallèle.

2.

Parce que tu n'auras pas à partager tes écouteurs dans le train ou dans l'avion.

Sérieusement, qui veut encore s'infliger ce truc de l'adolescence ? Sauf, bien sûr, si tu as un doubleur de jack pour écouter des trucs à plusieurs, mais là, tu es bien trop malin pour nous.

3.

Parce qu'il/elle fait TOUJOURS autre chose pendant que vous êtes censés regarder ensemble.

Il « check » son téléphone. Elle se fait les ongles. Il va se chercher un truc à manger, elle raconte qu'elle a croisé Sophie dans le métro. Si tu lui précises que ça n'a aucun sens de parler alors que l'épisode commence, ta moitié te précise qu'elle peut faire deux choses en même temps, elle.

4.

Parce que tu ne pourras l'avoir qu'une seule fois avec l'argument : « Tu verras, y a du cul. »

Ça avait marché avec *Game of Thrones*, mais ça ne passera pas chaque fois, surtout si c'est une série non-estampillée HBO.

5.

Parce que ta moitié passe son temps à te dire : « Oh, tu le reconnais ? Tu t'en souviens ? Dans quoi il jouait ? »

Le souci, c'est que ta moitié le sait très bien et refuse de te le dire. C'est un truc à te faire totalement passer à côté d'un épisode, tu cherches pendant quarante minutes où tu as pu apercevoir ce second rôle obscur pendant que ta moitié jubile. C'est le Mal.

TOP 5 DES RAISONS POUR LESQUELLES JE T'AIME

1. TU NE M'AS JAMAIS SPOILÉ *GAME OF THRONES.*

2. TU ME LAISSES ME SERVIR DE TOI COMME COUSSIN.

3. TU METS LE ROULEAU DE PQ DANS LE BON SENS.

4. TU FAIS UN NON-RÉGIME AVEC MOI CHAQUE SEMAINE.

5. TU PORTES MES T-SHIRTS COMME PERSONNE.

TOP 10 DES PHRASES DU PREMIER RENCARD (ENFIN) TRADUITES

1. ***« Je sors d'une histoire assez compliquée. »*** Traduction : je ne cherche pas une relation. Juste un plan cul.

2. ***« Tu te vois où, dans dix ans ? »*** Traduction : je veux plein de marmots, là, tout de suite, maintenant, ce n'est pas négociable.

3. ***« Ces derniers temps, j'ai préféré me concentrer sur ma carrière. »*** Traduction : ça fait un an que j'ai pas baisé et ça commence sérieusement à me taper sur le système.

4. ***« Sympa, ta photo de profil Facebook. »*** Traduction : tu es beaucoup moins bien en vrai.

5. ***« T'as un truc de prévu le week-end prochain ? »*** Traduction : maintenant que je t'ai mis le grappin dessus, je ne vais plus te lâcher.

6. ***« Mon ex et moi, on est vraiment restés en bons termes. »*** Traduction : je suis encore follement amoureux(se) de mon ex, et je ferai tout pour le/la récupérer.

7. ***« Je fais une pause dans ma carrière. »*** Traduction : je suis au chômage.

8. ***« Excuse-moi, je sors du boulot… »*** Traduction : j'ai mis un costume, j'ai l'air con, et je regrette.

9. ***« Je suis une fille naturelle. »*** Traduction : je ne m'épile pas. Jamais.

10. ***« Ton père est un voleur, il a pris toutes les étoiles du ciel pour les mettre dans tes yeux. »*** Traduction : je suis un gros beauf, un pauvre type, un blaireau. Fuis tant qu'il est encore temps.

TOP 10 DES PIRES ACCROCHES VUES SUR LES SITES DE RENCONTRES, BONJOUR LES GROS LOURDS

1. « J'ai tapé "belle femme" sur Google et je suis tombé sur ton profil. »

2. « Salut, t'es ma soixante-neuvième affinité, coïncidence ? Je ne crois pas. On baise ? »

3. « Mademoiselle, vous avez des jambes superbes, à quelle heure ouvrent-elles ? »

4. « Moi, ce qui m'intéresse chez une femme, c'est son hypothèse divine. Qui mieux qu'une femme peut représenter le sacré… Bon après, si y a moyen de baiser, je dis pas non. »

5. « Salut, tu aimes l'eau ? – Euh ouais… – Alors tu m'aimes déjà à 70 %. »

6. « Tu es comme McDonald : tu es tout ce que j'aime ! »

7. « Hey, t'inquiète, on dira qu'on s'est rencontrés dans un musée. »

8. « Ton père n'est pas terroriste ? Non, c'est parce que t'es une bombe atomique. »

9. « Ma demande va te surprendre : je cherche une femme qui accepterait de garder la même culotte une semaine avant de me l'envoyer. (Je fournis les culottes et paie chaque envoi 300 €.) »

10. « Avec tous ces attentats en ce moment, ça te donne pas envie de coucher avec moi ? »

TOP 5 DES TECHNIQUES DE DRAGUE EN FONCTION DE TON ÂGE

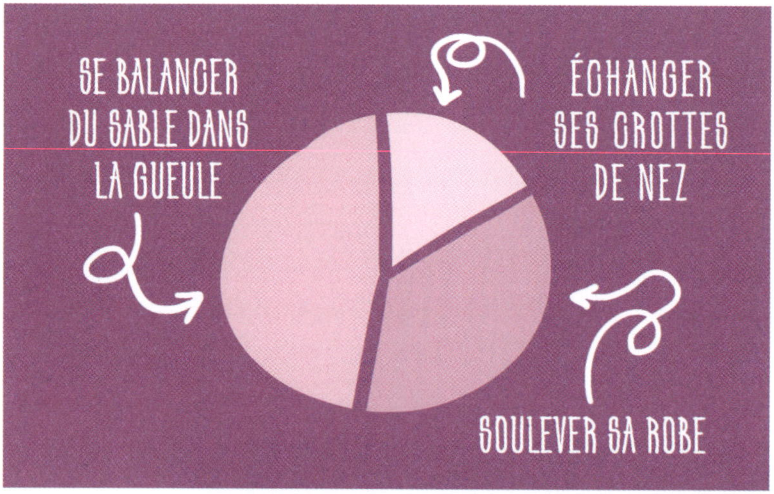

1.

LA DRAGUE À 3 ANS

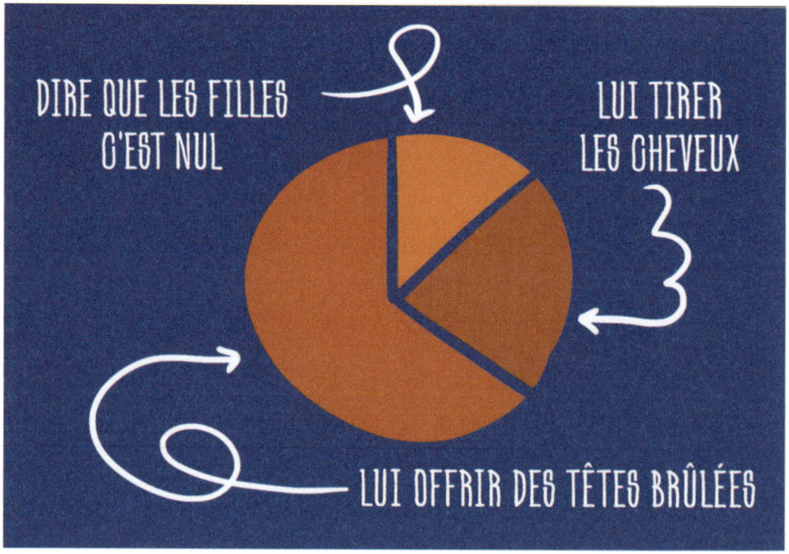

2.

LA DRAGUE À 8 ANS

3. LA DRAGUE À 15 ANS

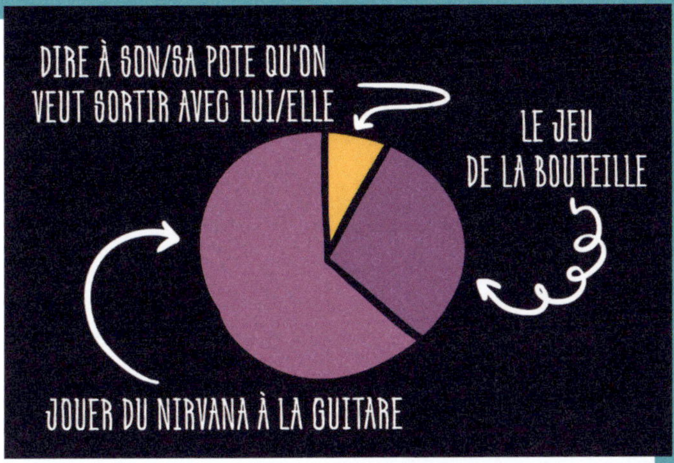

4. LA DRAGUE À 20 ANS

5. LA DRAGUE À 30 ANS

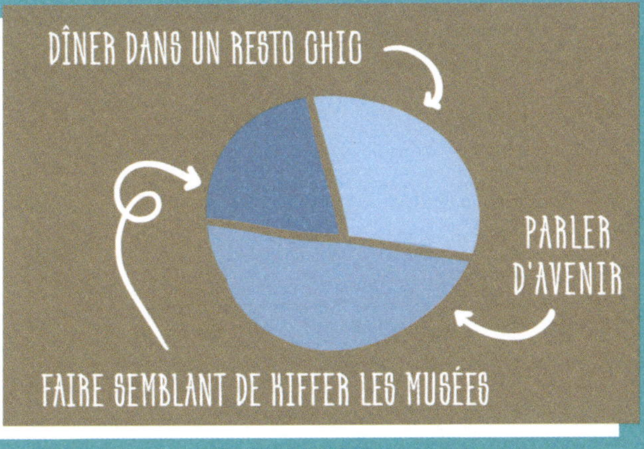

TOP 20 DES PHRASES DE RUPTURE LES PLUS FOIREUSES

1. Désolé, mais t'es vraiment trop moche. (version directe)

2. Je t'aime bien, mais en copine, tu vois ? (version indirecte)

3. Je ne te mérite pas. (version hypocrite)

4. Va-t'en ! C'est pour ton bien ! (version altruiste)

5. Et ta sœur, elle est libre en ce moment ? (version opportuniste)

6. Navré, mais vous êtes virée. (version pro)

7. Je suis malheureux, je voudrais pas t'imposer ça, je dois faire le point, m'isoler… (version déprimante)

8. Je te quitte ! On le fait une dernière fois quand même ? (version plaisir)

9. Écoute, je t'aime bien, mais tu es à ma femme idéale ce que les rillettes sont au foie gras : un pis-aller. (version gastronome)

10. Tu es à mon cœur ce qu'a été l'URSS au développement de l'humanité. (version coco)

11. Ça me fustige, de te voir ressembler à ta mère un peu plus tous les matins. Tu n'as « plus rien pour inspirer l'amour ». (version Aznavour)

12. Tu connais le coup du parachute ? Non ? J'te largue… (version Humour, avec un grand H)

13. Je dois libérer de la place pour le home cinéma que je viens d'acheter. (version numérique)

14. T'as déjà joué au rugby ? Non ? Ben je te plaque. (version valeurs de l'ovalie)

15. Tu sais nager ? Alors prends le large ! (version capitaine Crochet)

16. Game over. (version geek)

17. Je ne suis pas fait pour tant de bonheur. (version fragile)

18. Je suis Lion, tu es Verseau, ça n'aurait jamais pu marcher entre nous. (version Élizabeth Teissier)

19. Voilààààà, c'est fini. (version Jean-Louis Aubert)

20. Toutes les bonnes choses ont une fin. (Mais le saucisson en a 2.)

TOP 4 DES INFOGRAPHIES QUI RÉSUMENT TA RUPTURE

1. LES POINTS POSITIFS D'UNE RUPTURE

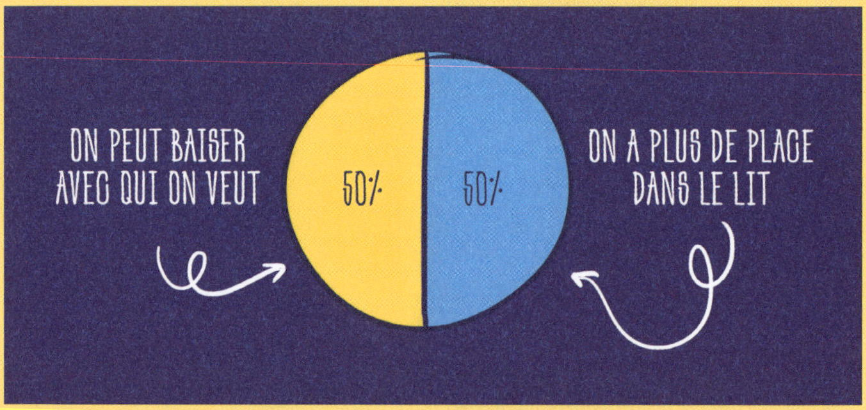

2. CE QUI TE RÉCONFORTE

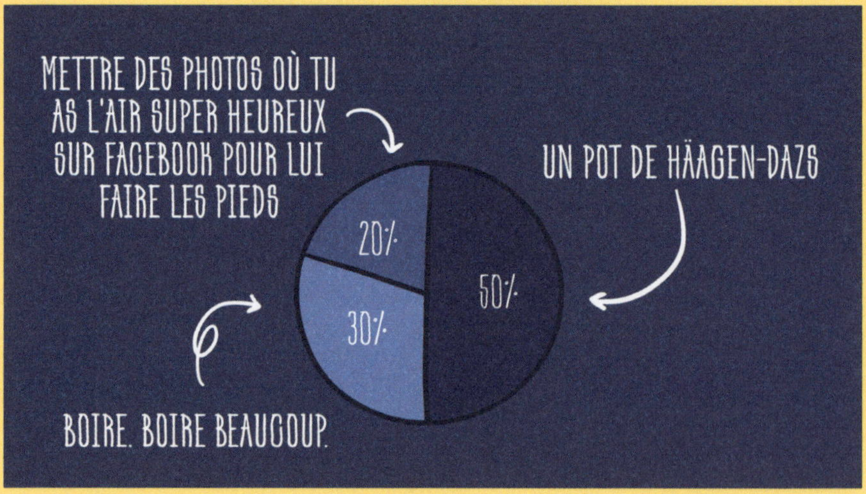

3. LES CHOSES À NE PAS FAIRE (MAIS QUE TU VAS FAIRE QUAND MÊME)

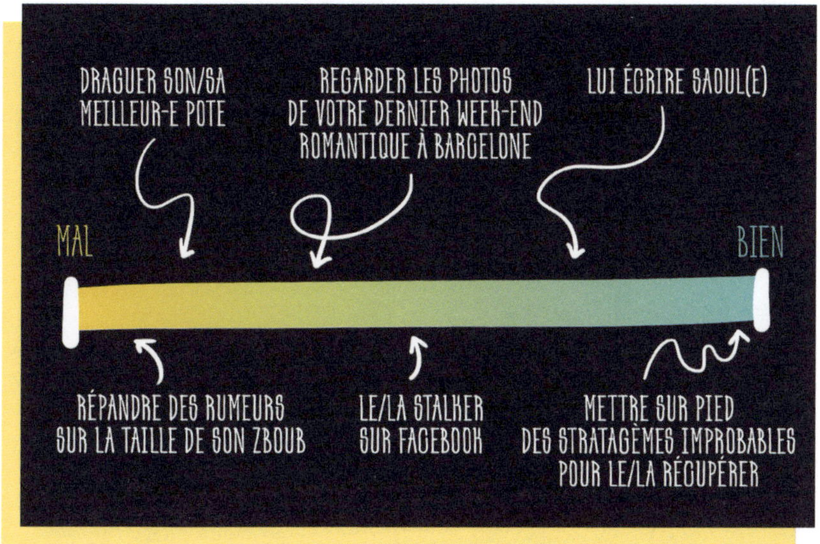

4. LES SIGNES QUE C'EST VRAIMENT FINI

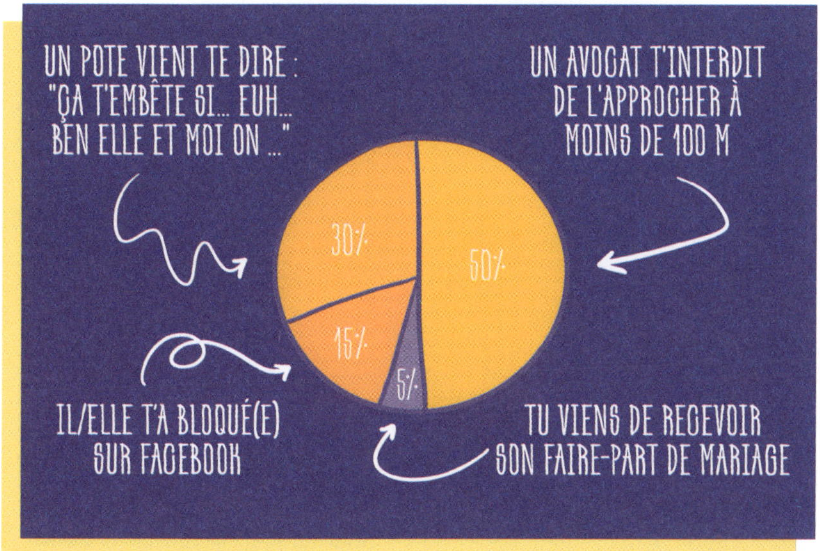

TOP 8 DES BONNES RAISONS DE SORTIR AVEC UN MEC PETIT (CE SONT LES MEILLEURS)

1.

Quand il regarde devant lui, il te voit.
Ça peut paraître anodin, mais promis, c'est quand même relativement pratique au quotidien.

2.

Il ne prend pas de place.
Quand on habite dans un 9 m^2, faut optimiser l'espace, sinon on ne s'en sort pas.

3.

Tu peux porter ses fringues.
Et lui les tiennes, d'ailleurs, si ça peut lui faire plaisir.

4.

Même à plat, tu as l'air grande.
C'est scientifique : à côté d'un grand, tu auras toujours l'air plus petite qu'à côté d'un petit. Bon après, si tu fais 1,50 m, faut pas non plus s'attendre à des miracles.

5.

Plus de torticolis.
Si tu as déjà eu l'occasion de sortir avec un grand, tu sais. Tous les autres, vous avez bien de la chance.

6.

Vous pouvez rentrer à deux dans une baignoire.
Comme dans cette scène mythique de Friends, exactement.

7.

Il n'exige pas de s'asseoir à l'avant dans la voiture.
Sous prétexte qu'il a de « grandes jambes ». L'égalité dans le couple, c'est important.

8.

Votre couple va durer.
32 % de divorces en moins chez les petits. Ça vaut quand même le coup d'essayer.

QUIZ : ES-TU PRÊT POUR L'ÉCHANGISME ?

COCHE LES CASES QUI TE CORRESPONDENT (ET PAS LA PEINE DE MENTIR, ON LIT DANS TON ESPRIT).

- ☐ Tu aimes bien prêter des trucs.
- ☐ Tu n'attends rien en retour.
- ☐ Tu aimes bien qu'on te rende ces trucs, même s'ils sont un peu salis.
- ☐ Tu aimes la nouveauté.
- ☐ Tu aimes être surpris.
- ☐ Tu peux rester des heures juste à contempler un truc.
- ☐ Tu n'es pas trop jaloux.
- ☐ Non, en fait, tu n'es pas jaloux du tout.
- ☐ Tu arrives à faire deux trucs en même temps.
- ☐ Petit, tu faisais des albums Panini rien que pour échanger tes doubles.
- ☐ Tu penses que le troc, c'est l'avenir.
- ☐ Tu adores le cap d'Agde l'été.
- ☐ Tu penses qu'il ne faut pas mourir idiot.
- ☐ Tu aimes bien goûter dans l'assiette de l'autre.
- ☐ Tu as de super souvenirs de ton correspondant allemand ou espagnol en troisième.
- ☐ Tu as déjà fait de l'échange de maisons, et c'était super bien.
- ☐ Ton film préféré, c'est *Volte-face*.
- ☐ Dans les grosses soirées, il t'arrive de boire dans un verre sans savoir si c'est vraiment le tien.
- ☐ Tu n'as pas de problème pour mettre des chaussures de bowling encore chaudes.
- ☐ Tu peux prêter ta brosse à dents.

TU AS COCHÉ ENTRE 0 ET 5 CASES :

Clairement, c'est pas trop ton délire (DU TOUT).

Quand tu prêtes un truc, tu aimes bien qu'on te le rende EXACTEMENT dans l'état où tu l'as confié. Comme ce n'est jamais le cas, tu ne prêtes rien. Et puis la propriété, c'est un truc chèrement acquis. Alors non, l'échangisme ne passera pas par toi. Mais c'est vrai aussi que tu as vachement menti pendant ce test. Et c'est mal.

TU AS COCHÉ ENTRE 6 ET 10 CASES :

Bon, tu n'es pas chaud bouillant.

On pourrait croire que ça te tente, mais en fait, pas du tout. Sur le principe, tu n'as rien contre, mais dans la vraie vie, le premier qui approche ta moitié à moins de 600 m finit avec une jambe en moins. Or, comme tu n'as pas très envie d'avoir des soucis avec la justice, tu préfères t'abstenir.

TU AS COCHÉ ENTRE 11 ET 16 CASES :

Clairement, tu ne dirais pas non.

Mais c'est qu'on a affaire à un/une petit(e) coquin(e)... Même si tu n'en as jamais eu l'occasion, tu n'es pas du tout du tout fermé à l'idée de t'amuser à plusieurs (à condition que ce soit avec des Beaux Gosses). Tu es cependant encore un peu sceptique à l'idée de devoir dire à quelqu'un que tu ne connais pas : « Coucou, tu veux voir ma bite ? »

TU AS COCHÉ ENTRE 17 ET 20 CASES :

Tu as inventé l'échangisme.

Tu as fait le test pour rire, mais tout au fond de toi, tu connaissais déjà la réponse puisque c'est toi qui as inventé le concept même d'échangisme. Tu es altruiste, tu aimes les autres, et quand on dit que tu aimes les autres, on parle évidemment de cul. Il ne te reste plus maintenant qu'à trouver quelqu'un qui soit sur la même longueur d'onde que toi.

VOYAGES

TOP 8 DES RAISONS DE PENSER QUE LES BRETONS VONT CONQUÉRIR LE MONDE

1.

Ils ont des menhirs pour capter les forces telluriques. Ce n'est pas pour vendre des cravates qu'on sort les forces des entrailles de la terre à Carnac depuis des millénaires.

2.

Ils ne paient pas les autoroutes. Avec le fric économisé, ils vont racheter la dette de l'État (et on n'aura pas l'air con).

3.

Ils savent se reconnaître entre eux, grâce aux autocollants « À l'aise Breizh ». Si les sociétés secrètes te font flipper, va faire un tour sur l'autoroute A11.

4.

Ils peuvent se baigner à Saint-Malo. Ceux qui ont essayé savent que c'est un vrai superpouvoir.

5.

Ils ont déjà conquis Montparnasse. Et on n'a rien vu venir.

6.

Ils peuvent survivre à l'ingestion d'un kouign-amann entier. Soit l'équivalent d'une plaquette de beurre saupoudrée de sucre.

7.

Ils exportent leur « bretonnitude » partout. Un fest-noz à Pékin ? Sérieusement ? Ouais, ils s'en foutent, les Bretons, ils sont partout chez eux.

8.

Ils fabriquent de la potion magique. Le Breizh Cola. On ne sait pas encore à quoi ça sert, mais vu le goût, ça doit être costaud.

TOP 8 DES BLAGUES ÉTRANGÈRES SUR LES FRANÇAIS

1. ***Quelle est la différence entre Dieu et un Français ?***
Dieu, lui, ne se prend pas pour un Français…

2. ***Connaissez-vous la différence entre un Français et un chimpanzé ?***
Y en a un qui est petit, qui pue et qui passe son temps à se gratter le cul, et l'autre, c'est le chimpanzé.

3. ***Savez-vous comment tuer un Français ?***
Il suffit de rabattre la lunette des toilettes très fort pendant qu'il est en train de boire.

4. ***Un Français se plaint à un ami américain :***
« C'est vraiment terrible, je ne peux pas dormir au boulot à cause de mon patron…
– Ah ouais, il passe son temps à te surveiller ?
– Non, il ronfle extrêmement fort ! »

5. ***Au Québec, quelle est la différence entre un Français et un maudit Français ?***
Le premier, c'est celui qui arrive ; l'autre, c'est celui qui repart.

6. ***Quelle est la différence entre un touriste français poli et une licorne ?***
Il n'y en a pas, ni l'un ni l'autre n'existent.

7. ***Savez-vous pourquoi les Français mangent de l'ail ?***
Pour améliorer leur haleine.

8. ***Comment fait un Français pour se suicider ?***
Il se tire une balle à 15 cm au-dessus de la tête, en plein dans son complexe de supériorité…

TOP 3 DES TRUCS QUE FONT LES EXPATS QUAND ILS RENTRENT EN FRANCE POUR LES VACANCES

1. Ré-ré-ré-expliquer aux parents comment marche Skype.

2. Se la péter auprès des collègues qui restent au pays.

3. Faire le plein de fromages qui puent et de saucissons.

TOP 5 DES VILLES DONT ON NE SAIT PAS PRONONCER LE NOM

1. Chamonix

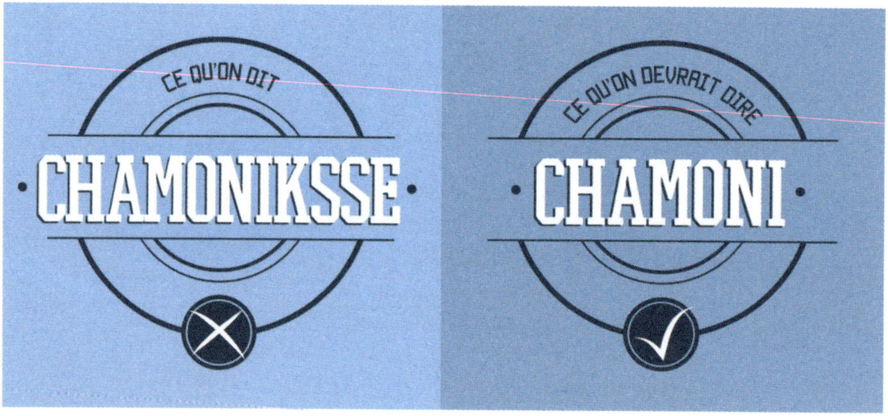

2. Montpellier

CE QU'ON DIT
METSSE

CE QU'ON DEVRAIT DIRE
MESSE

3.
Metz

4.
Cassis

CE QU'ON DIT
CASSISSE

CE QU'ON DEVRAIT DIRE
CASSI

CE QU'ON DIT
AUKSSERRE

CE QU'ON DEVRAIT DIRE
AUSSERRE

5.
Auxerre

TOP 10 DES MEILLEURES INSULTES BELGES (WALLONNES)

1.

Cougneu d'poyes.

Traduction : « Enculeur de poules. »
Explication : la poule est un animal de basse-cour. L'enculer est un acte zoophile, et indique donc une déficience morale et sexuelle peu flatteuse chez celui qui en est accusé.

2.

Despeindeux d'gayole.

Traduction : « Dépendeur d'andouilles. »
Explication : pendre les andouilles, c'est déjà pas la gloire, mais alors les dépendre, c'est pire que tout.

3.

Fâte comm' ein' bite d'ours.

Traduction : une histoire d'ours, de bite, de week-end à la campagne, tout ça tout ça.
Explication : est-ce que tu as vraiment envie de savoir ?

4.

Ti vå bin on relouka, on stron en vau bin deux.

Traduction : « Si tu vaux bien un regard, une merde en vaut bien deux. »
Explication : autrement dit, tu es tellement moche que si je te regarde deux secondes, je peux bien contempler une merde dégoulinante pendant quatre secondes. Ce n'est pas très gentil.

5.

Tiesse di quette.

Traduction : « Tête de quéquette. »
Explication : une version bien plus sympathique de « tête de bite » que l'on préférera à l'original pour son côté délicatement puéril et innocent.

6.

T'a ostan d'politess a't'panse qu'on tchein d'baraki.

Traduction : « Tu as autant de politesse au ventre qu'un chien de baraki. »
Explication : il paraîtrait que ça veut dire « oulala que tu es malpoli, toi ! » Par contre, nous n'avons absolument aucune idée du pourquoi du comment.

7.

I' n'a nin tote ses frites dins l'minme satcho.

Traduction : « Il n'a pas toutes ses frites dans le même sachet. »
Explication : tu n'es pas sans savoir que le Belge aime les frites. Le Belge pense frites, le Belge parle frites, le Belge respire frites, et c'est comme ça que l'on se retrouve avec ce genre d'expressions. Notez que ne pas avoir ses frites dans le même sachet veut dire que l'on est un peu zinzin, dérangé, taré.

8.

Bôreu d'troyes et pikeu d'gades.

Traduction : « Enculeur de truies et piqueur de chèvres. »
Explication : comme « cougneu d'poyes », cette insulte fait référence à des pratiques zoophiles relativement répugnantes, doublées cette fois d'une accusation de vol qui ne sera sans doute pas prise à la légère par ton interlocuteur.

9.

Va t'chîre è Moûze, ôn vèrrai t'coû !

Traduction : « Va chier dans la Meuse, on verra ton cul. »
Explication : nous avons ici affaire à une variante imagée de « va voir ailleurs si j'y suis ». Vous noterez la référence géographique à la Meuse, fleuve de 925 km qui va de Pouilly-en-Bassigny à la mer du Nord.

9.

Frûmez vos guêule.

Traduction : bon là, a priori, pas besoin de te faire un dessin.
Explication : ils trouvaient probablement que « ferme ta gueule » était un peu trop brutal, et ils ont eu bien raison.

TOP 4 DES DIFFÉRENCES ENTRE LA FRANCE ET LE QUÉBEC

1. Juron français *vs* sacre québecois

2. Gosse *vs* gosse

3. Caramel au beurre salé *vs* sirop d'érable

4. Neige *vs* beaucoup de neige

TOP 5 DES TRUCS QUE LES BRETONS ONT TENTÉ DE VOLER À LA NORMANDIE (ET ÇA NE VA PAS SE PASSER COMME ÇA)

1.

Le cidre

Que ce soit clair une fois pour toutes : le cidre est une spécialité normande. Et si c'est devenu une prétendue spécialité bretonne, c'est surtout sous la pression des autorités, qui ont importé le cidre dans la région pour contrer la consommation excessive de vin de nos copains bretons. Parce que oui, le cidre, ça cogne quand même moins que le gros rouge.

2.

L'andouille

Tous les grands spécialistes de l'andouille sont clairs sur la question : la meilleure andouille de France (voire du monde) est fabriquée à Vire, et à côté, l'andouille de Guémené n'est qu'une grossière charcuterie triste et sans saveur. Ajoutons à cela que l'andouille est fabriquée à Vire dans les règles de l'art depuis le XVIIIe siècle, preuve évidente que la Normandie a encore une fois été précurseur dans le domaine.

3.

Le beurre

Si les Bretons étaient des gens honnêtes, la marque Paysan Breton s'appellerait Agriculteur Normand parce que, jusqu'à preuve du contraire, c'est pas un mec en ciré jaune qui a eu en premier l'idée de baratter le lait. Le lobby des Bleuzen et autres Goulwena est plus puissant qu'on ne le pense, les amis.

4.

Le mont Saint-Michel

Les gars ayant un peu de mal à digérer que le plus beau truc de France soit complètement normand s'acharnent à répéter que le mont Saint-Michel était breton y a 1 200 ans et que donc il n'y a pas de raison qu'il ne le soit plus aujourd'hui. Et c'est n'importe quoi.

5.

André Breton

Notre petit André venait de l'Orne, mais, kidnappé dans sa jeunesse par un habitant de Lorient, on lui affubla le nom ridicule de « Breton ». Un scandale malheureusement étouffé par vous savez qui.

TOP 5 DES RAISONS DE PRÉFÉRER PARIS À BARCELONE, SOYONS SÉRIEUX

1.

***À Paris, on a quatre saisons bien distinctes, le printemps, l'été, l'automne et l'hiver, c'est carré*.**
À Barcelone, on a chaud, pas trop chaud, moyen chaud, trop chaud.

2.

À Paris, on est une capitale de la mode.
À Barcelone, on a des étudiants ERASMUS habillés comme des sacs avec des trous de boulettes dans leur sarouel.

3.

À Paris, on a les Champs-Élysées, la plus belle avenue du monde.
À Barcelone, on a La Rambla, avec des vendeurs de shit et d'animaux.

4.

À Paris, on fait quelques efforts pour faire à bouffer.
À Barcelone, on écrase des tomates, on met ça sur du pain : TADAAAAAAAAAAA !

5.

À Paris, on a des touristes civilisés, des Japonais très polis.
À Barcelone, on a surtout des Anglais bourrés qui pissent dans la rue.

TOP 5 DES INFOGRAPHIES QUI RÉSUMENT BIEN TES VACANCES

1. Ta valise au retour des vacances

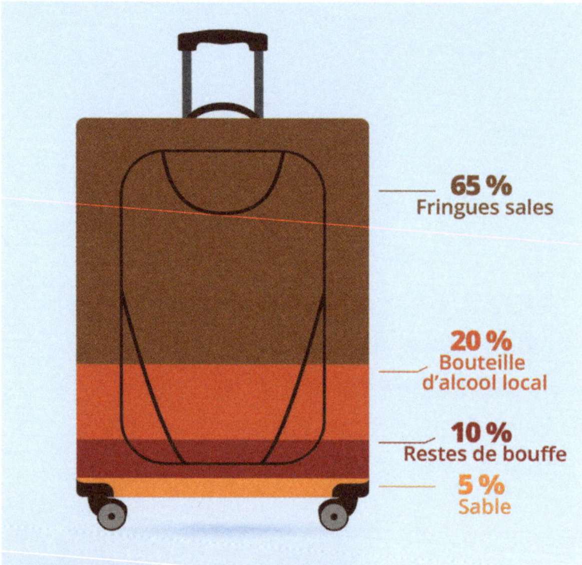

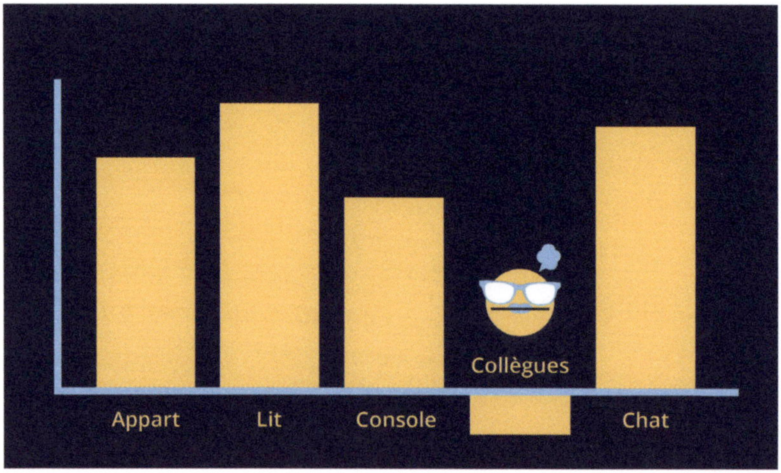

2. Les trucs que tu as hâte de retrouver

3. Ce que tu as bu pendant les vacances

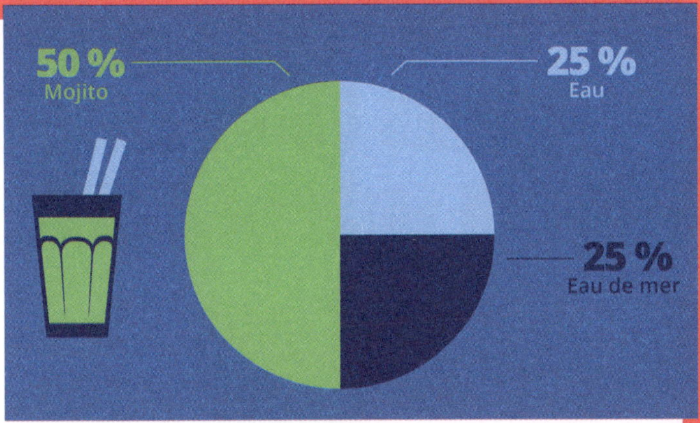

4. Le bronzage que tu voulais *vs* le bronzage que tu as

5. Le déroulement de tes vacances

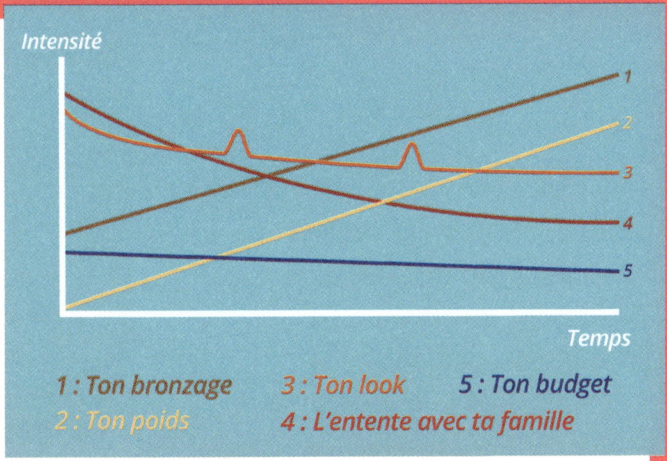

TOP 10 DES PIRES VILLES DE FRANCE (CELLES QU'ON RASERAIT BIEN POUR EN FAIRE DE GRANDS PARKINGS)

1.

Sarcelles

Pionnière des « grands ensembles » en périphérie parisienne, Sarcelles incarne dans l'imaginaire collectif l'archétype de la banlieue pourrie. Malgré ses efforts, le modernisme de ses équipements joue manifestement contre elle, les Français préférant toujours les vieilles pierres.

2.

Roubaix

De la brique rouge à perte de vue, le souvenir de la Bourse de la laine et de guinguettes populaires, même pas un club de foot décent. Foutez-moi ça en l'air, qu'on reconstruise un truc propre.

3.

Dunkerque

Oui, il y a la plage à Dunkerque. Mais au lieu de se baigner ou de faire du char à voile, on va à Dunkerque pour prendre une grosse murge à l'occasion du carnaval avec cette règle : « Ce qui se passe à Dunkerque reste à Dunkerque. »

4.

Tourcoing

Non contente d'avoir un vilain nom, la ville s'offre même des surnoms ridicules, comme « la cité du Broutteux », en référence au glorieux passé textile du coin.

5.

Vitrolles

Enfin un peu de Sud et d'accent chantant dans ce classement. Les Bouches-du-Rhône sont globalement épargnées. À l'exception de Vitrolles, ville toute moisie qui méritait bien sa place dans ce classement.

6.

Charleville-Mézières

Charleville-Mézières, pour sa part, n'a pas grand-chose à se reprocher, à part d'avoir choisi d'appeler ses habitants les Carolo-macériens, d'être traversée par la Meuse et d'être pas bien loin de Charleroi, l'enfer carolo.

7.

Beauvais

Un nom qui sent bon la Ligue 2, un imposant cimetière militaire et une situation qui en fait le premier contact des voyageurs low-cost qui rêvent de voir Paris.

8.

Maubeuge

Maubeuge, « la Belle Balafrée » comme l'appelait son maire, Pierre Forest, défend le concept de « campagne à la ville ». Non, pas les équipements de la ville dans un cadre bucolique, mais l'isolement de la campagne au milieu de la pollution. Brillant.

9.

Vesoul

On se demande encore qui, dans la chanson de Brel, a voulu voir Vesoul. Pas nous, en tout cas.

10.

Le Havre

Manifestement, tout le monde n'a pas été convaincu par « la puissance du port du Havre ». Le Havre, c'est effectivement un port important, donc une ville conçue pour qu'on en parte. Le plus vite possible.

TOP 4 DES CARTES DE FRANCE VUES AUTREMENT

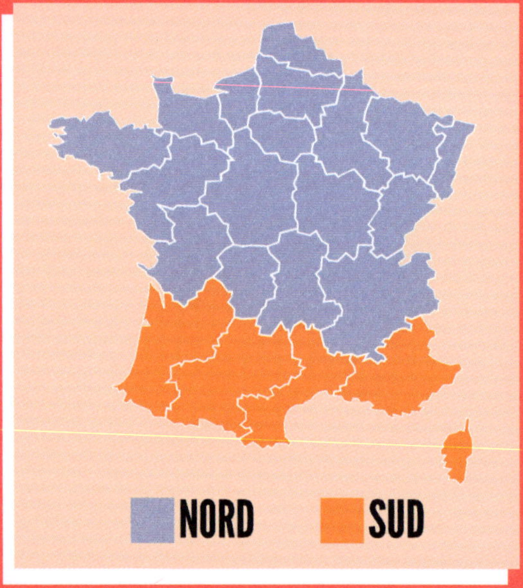

1. La France vue par les gens du Sud

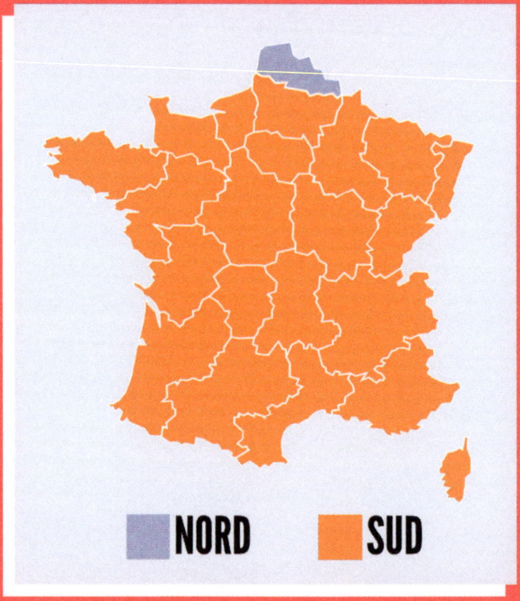

2. La France vue par les gens du Nord

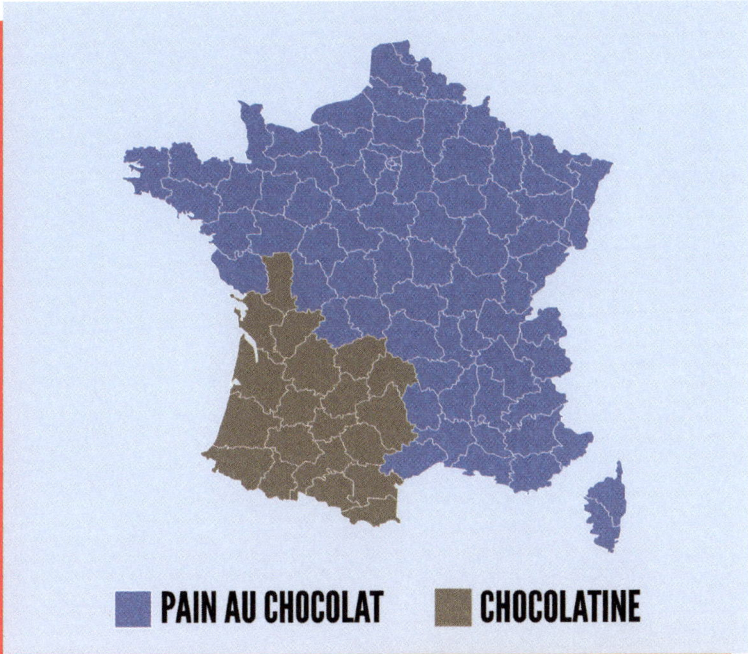

3. Pain au chocolat *vs* chocolatine

4. Le nombre de bises en France

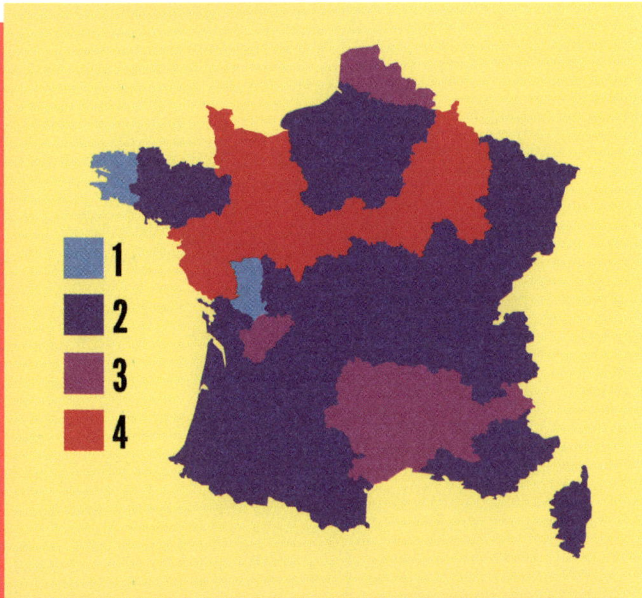

TOP 20 DES NOMS DE VILLES À LA CON

1. Montcuq (Lot)

2. Deux-Verges (Cantal)

3. Arnac-la-Poste (Haute-Vienne)

4. Bezons (Val-d'Oise)

5. Anus (Yonne)

6. Condom (Gers)

7. Sainte-Verge (Deux-Sèvres)

8. Monteton (Lot-et-Garonne)

9.

Bidon (Ardèche)

10.

Fourqueux (Yvelines)

11.

Bourré (Loir-et-Cher)

12.

La Baffe (Vosges)

13.

Glandage (Drôme)

14.

Poil (Nièvre)

15.

Vatan (Indre)

16.

Trécon (Marne)

17.

Kaunas (Lituanie)

18.

Fucking (Autriche)

19.

Å (Norvège)

20.

Taumatawhakatangihangakoau-auotamateaturipukakapikimaun-gahoronukupokaiwhenuakitana-tahu (Nouvelle-Zélande)

TOP 4 DES PLUS GROS RELOUS DE LA PLAGE

1. Tous les enfants de moins de 10 ans

2. Le vieux pervers qui te mate

3. Le sportif

4. Le comique

TOP 8 DES INDICES POUR SAVOIR SI TU ES À MARSEILLE OU À PARIS

1.

Si tu vois une meuf bloquée avec son bébé en haut d'une basilique.

Tu es à Marseille et ça fait plus de cent cinquante ans qu'elle attend là-haut qu'on vienne la libérer. On l'appelle « la Bonne Mère », et elle veille sur la ville.

2.

Si tu vois un mec qui ressemble à un SDF avec une barbe parfaitement taillée.

Tu te trouves à Paris, et c'est ce qu'on appelle un « hipster », soit un mec à la mode. À Marseille, le mot « hipster » contient beaucoup trop de consonnes consécutives pour que la tendance prenne.

3.

Si tu vois une blonde peroxydée avec son portable rangé dans son immense décolleté et une paire de sandales Birkenstock aux pieds.

Arrête-toi et prends discrètement une photo, car tu es devant une authentique cagole marseillaise.

4.

Si tu vois des milliers de touristes s'extasier devant une antenne relais géante.

Tu es à Paris, devant la tour Eiffel, LE monument qui fait rêver les touristes du monde entier (et on ne comprend pas trop pourquoi).

5.

Si tu vois l'équivalent de tous les poissons d'un parc aquatique dans une seule assiette.

C'est une bouillabaisse, un plat typiquement marseillais. On explique aux touristes que c'est une soupe avec un assortiment de poissons. Mais la vérité, c'est que celle du Vieux-Port, c'est plus des restes qu'un assortiment de poissons.

6.

Si tous les 50 m tu passes devant un bac à sable géant.

Normalement, tu es à Marseille, et c'est un terrain de pétanque. Mais attention, il ne faut pas confondre avec les nombreux « espaces canins » parisiens. Normalement, le terrain de pétanque est beaucoup plus grand et tu dois y sentir une bonne odeur de pastis.

7.

Si tu as l'impression d'être au niveau final du jeu** « **Carte au trésor** » **quand tu regardes le plan du métro.

Bonne chance, tu es à Paris. Avant d'arriver à destination, il est fortement possible que tu transpires toute l'eau de ton corps et perdes 90 % de ta masse graisseuse. À Marseille, pas de chichis : avec deux lignes, impossible de se tromper.

8.

Si tu vois des gangs de rats faire fuir des gangs de chats.

C'est assez quotidien à Marseille, les rats ont pris possession des égouts depuis longtemps et maintenant ils essaient de conquérir la ville. Dès la tombée du jour, ils sortent pour vider les poubelles, dépouiller des vieilles dames et cambrioler des épiceries.

TOP 4 DES MOMENTS DE

1. Quand vous êtes 12 dans une Twingo.

2. Quand le conducteur n'a visiblement pas les mêmes goûts musicaux que toi.

SOLITUDE EN COVOITURAGE

3. Quand tu t'endors et que tu baves partout.

4. Quand tu tombes sur quelqu'un qui a très très (trop) envie de parler.

TOP 10 DES GESTES QU'IL NE

1.

Le « dulya » en Turquie

Tu voulais impressionner un gamin turc en glissant ton pouce entre ton index et ton majeur, genre « je t'ai volé ton nez » ? En fait non, tu lui as juste dit d'aller se faire foutre de manière obscène. Bravo ! Bel exemple pour la jeunesse !

2.

Le V de la victoire en Grande-Bretagne

Un signe victorieux mal réalisé, en présentant le dos de la main à ton adversaire, fera de toi un vainqueur insultant doublé d'un malotru. Il en ira de même si tu utilises ce geste pour commander deux bières dans un pub.

3.

Croiser les doigts au Vietnam

Ton pote Hung Minh va passer son permis, tu veux lui souhaiter bonne chance mais, sans le savoir, tu lui fais un geste obscène évoquant un vagin. Oui, les Vietnamiens arrivent à évoquer le vagin avec leurs doigts…

4.

Le signe OK des plongeurs au Brésil

Index et pouce en contact, les autres doigts tendus, tu montres à ton auditoire que tout va bien. Sauf au Brésil, où tu traites les personnes présentes de trous du cul.

5.

La « moutza » en Grèce

Montrer la face de la main, doigts écartés, comme pour montrer le chiffre 5, en Grèce, évoque une malédiction. Pas très sympatoche pour ton interlocuteur, donc.

FAUT PAS FAIRE À L'ÉTRANGER

6.

Le signe « viens par ici » en Asie du Sud-Est

Faire signe à quelqu'un de s'approcher avec son index, le dos de la main tourné vers le sol, peut être perçu comme une marque de mépris, comme si tu appelais ton chien.

7.

Manger de la main gauche en Malaisie

Et d'une manière générale dans les pays musulmans, la main gauche étant considérée comme impure. Si tu es gaucher, tant pis pour toi.

8.

Mettre ses mains sur ses hanches en Indonésie

Tu pensais avoir l'air détendu, à la cool, que nenni ! Tu es en position de combat et quelqu'un risque donc très bientôt de te retourner une droite.

9.

Donner quelque chose avec une seule main au Japon

Que ce soit pour offrir un présent ou pour demander à un autochtone d'utiliser ton appareil pour te prendre en photo, n'oublie pas de tendre l'objet avec tes deux mains. Sinon ça revient à le lui jeter dans la gueule avant de lui cracher dessus. Ou pas loin.

10.

Le pouce tendu en Iran

Que ce soit pour faire du stop ou pour signifier ton enthousiasme, le pouce tendu est à proscrire, car ce geste est équivalent au doigt d'honneur. Ou, plus précisément, à la volonté d'enfoncer ton pouce dans l'anus de ton interlocuteur.

TOP 3 DES TRUCS FLIPPANTS EN AVION

1. Des cendriers sur les sièges.

2. Des hôtesses qui insistent lourdement sur les consignes de sécurité.

3. Un pilote qui a l'air en formation.

DES MOTS CROISÉS POUR LA PLAGE (OU LE MÉTRO, LE LIT, LES TOILETTES)

Horizontal

I. Vidéos osées qu'il faut avoir faites avant de mourir.

II. Moment de gloire de Nabilla.

III. Ce qu'on entend dans le téléphone quand ça sonne. Sélection de sondage. Vieille coutume.

IV. Meilleur buteur de tous les temps en France. Cri de chevalier anglais.

V. On les atteint en ascenseur.

VI. Il faut y arriver 2 heures avant.

VII. Rassemblement du Peuple français. Chaîne espagnole.

VIII. Unités d'expresso.

IX. Une case noire.

X. Nombre de points cardinaux.

XI. Nombre de points cardinaux qui se terminent par « -est" ».

Vertical

1. Personne qui vient juste de te piquer la place de parking. Chiffre magique du geek.

2. Un cerf qui aime le froid et l'accent bizarre. Régime de cycliste.

3. Normalement, vous nagez dedans. Quand tu penses à ce gamin qui crie et jette du sable.

4. Un site qu'il est bien, un ami, un guide.

5. Tout de suite, selon ton chef.

6. Coup de feu. Série télé hyper connue, mais avec deux « t ».

7. Se faire piquer sa place de parking, ça fait ça.

8. Ceux qui n'ont pas l'esprit d'équipe.

9. (Une petite pause bien méritée.)

10. Elles sont comme cette colonne 10.

11. Une super belle lettre.

Si tu veux vraiment connaître les réponses, tu peux les retrouver sur www.topito.com/mots-croisés

TEST : COMBIEN DE TEMPS SURVIVRAIS-TU SUR UNE ÎLE DÉSERTE ?

ES-TU ROUX ?

A Oui.

B Non.

C Je ne suis pas roux, je suis blond vénitien, bordel.

QUELLE EST TON ÎLE FRANÇAISE PRÉFÉRÉE ?

A La Corse.

B L'île de Ré.

C La Guadeloupe.

BEURRE DOUX OU DEMI-SEL ?

A Doux.

B Demi-sel.

C Ne se prononce pas.

EN COUPANT DU BOIS, TU RIPES ET TU TE COUPES LA JAMBE.

A Tu désinfectes et mets ton plus beau pansement Hello Kitty.

B Tu vas voir ton médecin de famille.

C Tu cautérises la plaie au fer à repasser.

QUAND TU AS SOIF, TU BOIS :

A De la bière.

B De l'eau.

C Du pipi.

Tu as une majorité de A :

Tu survivrais sept jours sur une île déserte (et c'est peu).

Les premiers jours, ça irait encore. Tout content, tu profiterais du soleil, de la mer, en te disant que ça ressemble quand même vachement aux grandes vacances et que les grandes vacances, c'est chouette. Et puis tu prendrais le coup de soleil de l'année, te ferais piquer par une méduse géante, boufferais des baies toxiques et mourrais dans d'atroces souffrances.

Tu as une majorité de B :

Tu survivrais deux semaines sur une île déserte (bien, mais pas top).

Tu es plutôt bon. Tu sais faire un feu, construire un abri de fortune et pêcher. Par contre, niveau moral, c'est pas tout à fait ça. Tu aimes vivre entouré et tu souffres de la solitude. Pour compenser, tu t'es donc créé un ami imaginaire, Bobby, avec qui tu passes de longues soirées à discuter. Une attitude inquiétante qui ne devrait pas tarder à te pousser au suicide. Bonne journée, bisous.

Tu as une majorité de C :

Tu survivrais sept mois sur une île déserte (RESPECT).

Bravo l'ami, tu es un champion, un warrior, un vrai de vrai. Tu n'as peur de rien, tu grimpes dans les arbres comme personne et tu te bats à mains nues contre des ours blancs (ou au moins contre ton chat). Tu aurais pu survivre très longtemps sur cette île, si tu n'avais pas été victime d'une vilaine intoxication alimentaire. Mourir dans son caca à l'autre bout du monde, on a connu mieux.

LES TOPS BIEN ABSURDES QU'ON NE SAVAIT PAS OÙ RANGER, MAIS QU'ON VOULAIT METTRE QUAND MÊME

TOP 10 DES PLUS GROS DILEMMES DE L'EXISTENCE, LES « TU PRÉFÈRES » DE L'ENFER

1.

Tu préfères te taper ta mère, mais personne ne le sait, ou ne pas te taper ta mère, mais tout le monde est persuadé que tu l'as fait ?

2.

Tu préfères avoir des bras de 20 m ou une portée de canetons qui te suit toute ta vie ?

3.

Tu préfères avoir des poils pubiens à la place des dents ou des dents à la place des poils pubiens ?

4.

Tu préfères avoir des tétons de la taille d'un zizi ou un zizi de la taille d'un téton ?

5.

Tu préfères avoir la barbe
en steak haché ou
les sourcils en frites ?

6.

Tu préfères, toute ta vie,
porter un vélo sur l'épaule
ou avoir une paire de patins
à glace accrochée au cou ?

7.

Tu préfères ne parler
qu'avec des consonnes
ou qu'avec des voyelles ?

8.

Tu préfères manger
un brownie parfum caca ou
un caca parfum brownie ?

9.

Tu préfères qu'on te serve
à vie la mauvaise commande
au McDo ou être derrière
un type qui a 30 bons
de réduction chaque fois
que tu fais les courses ?

10.

Tu préfères sauver
la vie d'un enfant que
tu ne connais pas ou avoir
le pouvoir de voler ?

TOP 4 DES GRAPHIQUES SUR LES MEUFS ET LEURS CHEVEUX (UNE RELATION COMPLIQUÉE)

1. Ce que se disent les meufs aux cheveux lisses

2. Ce que se disent les meufs aux cheveux bouclés

3. Ce qui arrive quand une meuf sort de chez le coiffeur

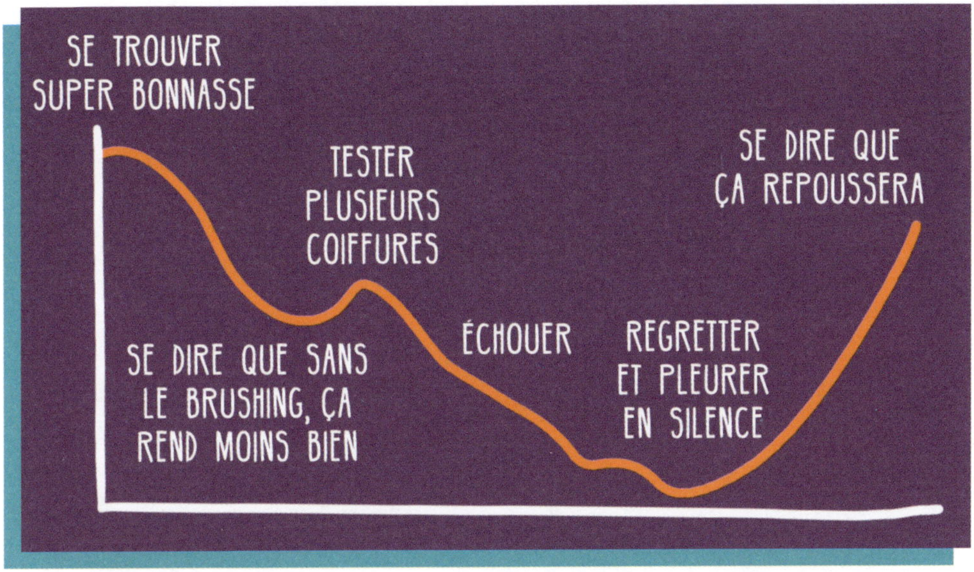

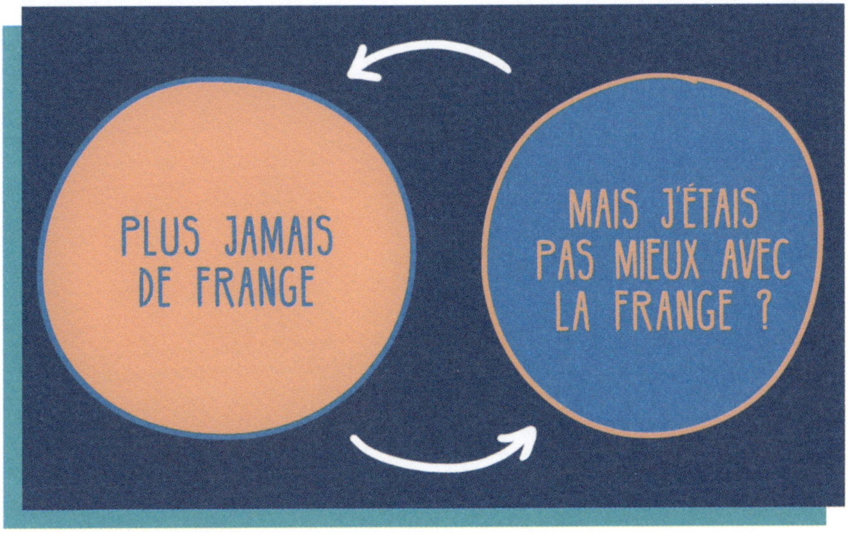

4. Le cycle perpétuel de la frange

TOP 10 DES TRUCS QU'A DÛ ENTENDRE LE MEC QUI A INVENTÉ LA ROUE

1.

« Ça ne marchera jamais. »
Il faut arrêter de prendre les gens pour des pigeons. On a déjà essayé de nous faire croire que « l'écriture, c'est l'avenir », je ne me ferai pas baiser deux fois.

2.

« Une fois que c'est lancé, ton machin, comment tu l'arrêtes ? »
Parce que si je me retrouve au bout du monde et que je tombe dans le vide, j'aurai l'air bien con !

3.

« C'est juste une mode. »
On ne s'est pas fait chier à domestiquer les ânes pendant des années pour tout foutre en l'air maintenant. Alors oui, c'est cool, c'est branché, mais ça disparaîtra comme c'est venu.

4.

« C'est un truc pour les jeunes. »
Ce n'est pas à l'âge de 24 ans que je vais me mettre à ces conneries…

5.

« Ça va mettre tous les esclaves au chômage. »

Le « tout technologie », c'est l'enfer. On sera bientôt gouvernés par des roues intelligentes.

6.

« C'est dangereux de se prendre pour un dieu. »

Après l'escalier, la roue... On joue avec le feu, les mecs.

7.

« Au lieu de bricoler des trucs pour tirer au flanc, il ferait mieux de bosser dans les champs. »

Une bonne guerre contre l'Anatolie, ça ne leur ferait pas de mal, à ces branleurs.

8.

« OOOOOLD !!! J'ai déjà vu une peinture rupestre de ça il y a au moins deux lunes. »

La roue, c'est *so* – 3510 !

9.

« Je vais attendre que le prix baisse avant d'en acheter une. »

Y a que les geeks qui vont payer une écuelle à bords biseautés ou un sac d'orge pour ce genre de fantaisie.

10.

« Wow... C'est déjà l'an –3400 ! »

J'ai toujours imaginé le futur comme ça, avec des « chariots roulants ».

TOP 4 DES TRUCS HONTEUX QU'ON FAIT

1. Laisser la porte des toilettes ouverte.

2. Attraper des trucs avec les pieds.

QUAND ON EST TOUT SEUL CHEZ NOUS

3. Danser (si possible, très mal).

4. Manger des trucs tombés par terre.

TOP 20 DES PHRASES QU'ON RÊVE TOUS DE DIRE UNE FOIS DANS NOTRE VIE

1. « Messieurs, arrêtez cet homme ! »
2. « Suivez cette voiture… »
3. « Ouais, mais je vais faire quoi avec ces 5 millions ? »
4. « Et là, Scorsese m'appelle et je lui dis : "T'es gentil, Martin, mais je bosse, là." »
5. « Au revoir, président ! Au revoir, président, au revoiiiiiiir ! »
6. « Au-delà de l'exploit personnel, c'est avant tout le travail d'une équipe. »
7. « Quand j'ai sauvé le petit en me jetant sous les roues de ce camion, je n'ai pensé à rien, je n'ai fait que mon devoir. »
8. « Tu sais, l'hélico, c'est juste un coup à prendre. »
9. « Mes chers compatriotes… »

10. « Tiens, voilà les clés. Par contre, t'es mignon, tu fais gaffe quand tu la gares. »

11. « Ça, c'est la maison du gardien. Viens, je te montre la maison principale, maintenant. »

12. « Shérif, je reprends l'enquête. »

13. « Tournée générale ! »

14. « Luke, je suis ton père. »

15. « Arrêtez les rotatives ! »

16. « Il fibrille ! Chargez à 250 ! »

17. « La prophétie était donc vraie… »

18. « Un jour normal, je t'aurais pété la gueule pour ça… Et c'est un jour normal. »

19. « Bonsoir, Paris ! »

20. « Il y a un homme de trop dans cette ville, et c'est toi. »

TOP 4 DES INFOGRAPHIES SUR LE MONDE MERVEILLEUX DES CABINETS

1. Es-tu en bonne santé ?

2. Dans quel sens foutre le rouleau ?

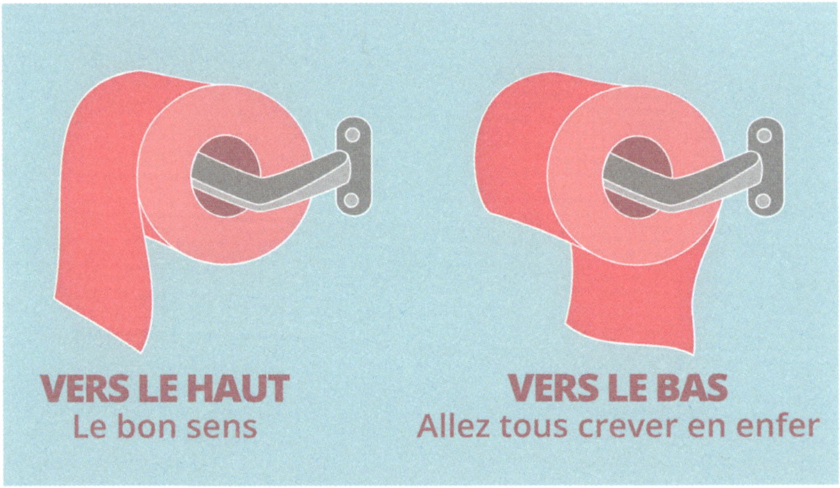

3. Les trucs qu'on fait tous aux toilettes :

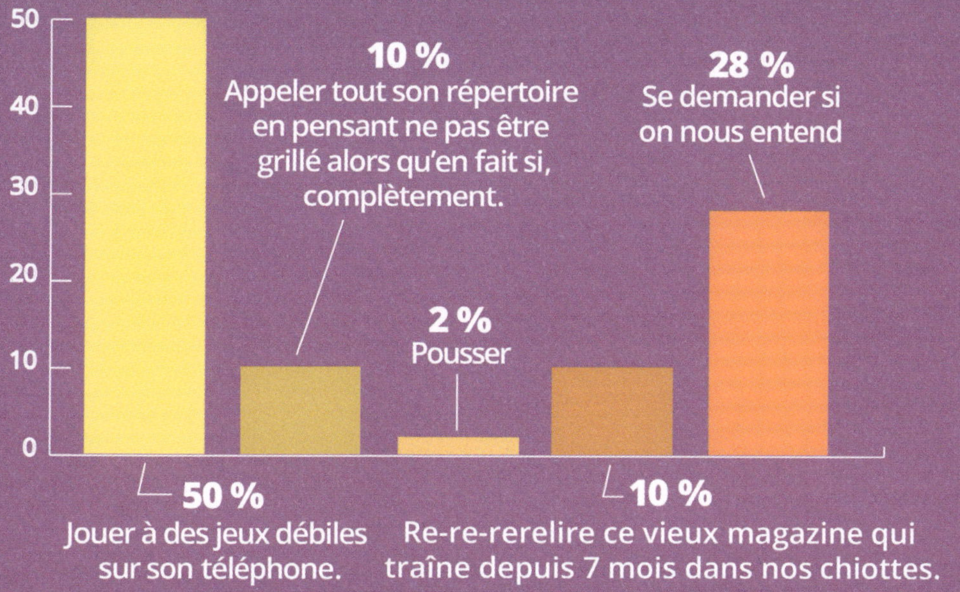

4. On se lave les mains :

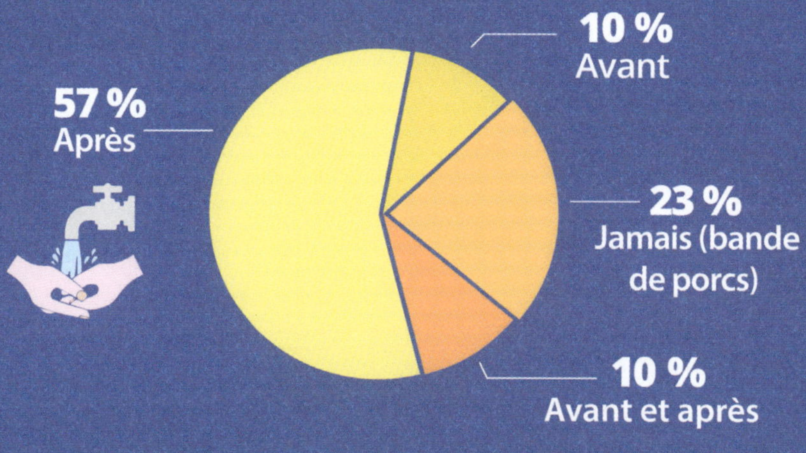

TOP 10 DES TITRES DE BOUQUINS QUI FERAIENT DE BONS FILMS DE CUL

1.

La Guerre des Gaules, Jules César.

Un livre qui raconte comment César a fini par avoir la Gaule.

2.

Le Capitaine Fracasse, Théophile Gautier.

« Capitaine Fracasse » est le surnom du personnage principal du roman. Et on se demande bien ce qu'il fracasse, le capitaine.

3.

Annales, Tacite.

Les *Annales* c'est un livre long, très long, dans lequel Tacite raconte ce qu'il se passait dans les palais des empereurs romains. Et il s'en passait, des choses, on vous le dit !

4.

La Porte étroite, André Gide.

Heureusement, si la porte est trop étroite, il y a toujours un bon charpentier pour réparer tout ça.

5.

Au bonheur des dames, Émile Zola.

Zola aime aborder le thème de la finance. Et ces dames semblent satisfaites de l'augmentation du cours de la Bourse.

6.

L'Île mystérieuse, Jules Verne.

Dans lequel l'aventureux Jules Verne part à la recherche de la Toison d'or.

7.

L'Auberge rouge, Honoré de Balzac.

Un livre qu'on ne lit qu'une fois par mois.

8.

Le Rouge et le Noir, Stendhal.

Ce n'est pas très explicite, mais nous sommes sûrs que si vous faites appel à votre imagination, vous pourrez y voir plein de choses.

9.

Les Mains sales, Jean-Paul Sartre.

D'où l'intérêt de se laver les mains quand on les fourre un peu partout.

10.

La Coupe et les Lèvres, Alfred de Musset.

La coupe est pleine, et les lèvres aussi.

TOP 5 DES INFOGRAPHIES HONNÊTES SUR TON WEEK-END

1. Le dimanche

2. La courbe d'excitation du week-end

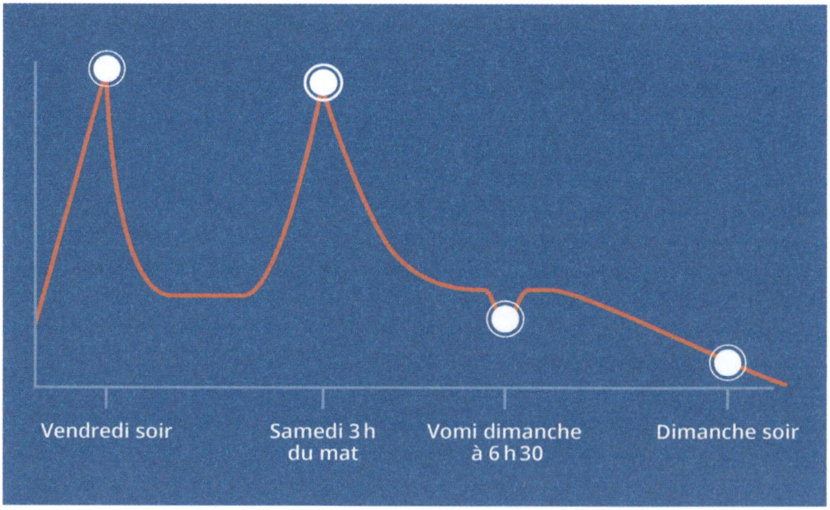

3. Semaine *vs* week-end

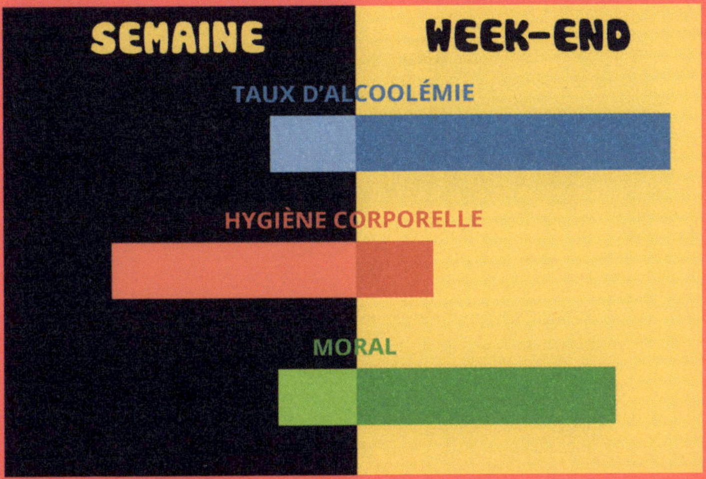

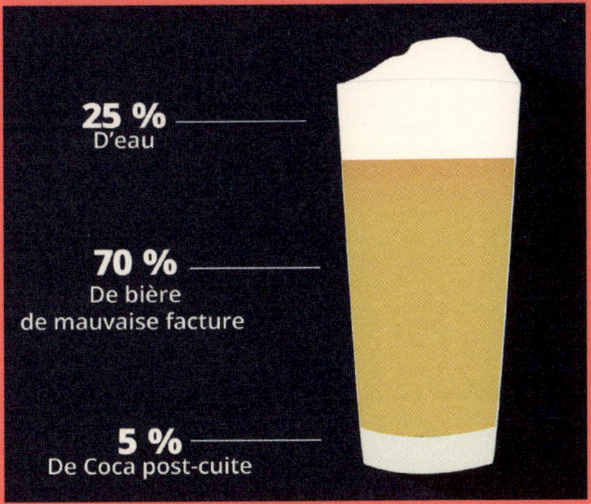

4. Ce que tu vas boire ce week-end

5. Les endroits où les couples s'engueulent le week-end

TOP 8 DES INSULTES DU MOYEN ÂGE À RÉHABILITER

1.

Coquebert

À l'époque, un coquebert était un nigaud, une buse, un abruti, bref une personne suffisamment simplette pour qu'on puisse le faire remarquer.

Exemple : « Je suis en train de mater *Les Ch'tis à Hollywood*, on a affaire à une belle bande de coqueberts, cette année ! »

2.

Puterelle

Basé sur la même étymologie que notre « pute » contemporain, à savoir le latin *putere* (« puer »), la puterelle était une jeune prostituée. Une petite pute en somme, si nous devions moderniser l'expression.

Exemple : « Il m'a planté au dernier moment, ce mec est une vraie puterelle. »

3.

Grippeminaud

Se disait d'une personne hypocrite, ou qui « bitche » derrière le dos de ses petits camarades, comme nous dirions aujourd'hui. Les spécialistes supposent que ça vient du doux mélange de « gripper » (voler) et de « minauder ».

Exemple : « Putain, ça ne m'étonne pas de lui, c'est vraiment un grippeminaud, ce type ! »

4.

Chiabrena

Nous allons traduire ça au plus rapide : « chiure de merde ».

Exemple : « Hooooo, chiabrena ! Le clignotant, c'est pour les cochons ? »

5.

Ribaude

Dans la même veine que « puterelle », le terme désignait une fille de joie, comme on dit quand on veut être poli et ne pas dénigrer le statut social de ces personnes très utiles à la société.

Exemple : « Ce chat est une ribaude. »

6.

Truandaille

Comme tu l'auras sans doute deviné, parce que la linguistique, c'est ton dada, « truandaille » vient de « truand » et désigne donc un ensemble de voyous, soit des gens pas très sympas qui essayent de te voler ta bourse à la sortie de l'auberge.

Exemple : « Sortir en discothèque ? Pour traîner avec la truandaille, merci bien, ça sera sans moi ! »

7.

Mordiable

Soit la version vintage de « merde ». On n'a pas tellement plus d'informations, donc nous allons passer directement à la partie mise en pratique.

Exemple : « Mordiable ! Qui est le fils de pute qui a oublié de ranger ses Lego ??! BORDEL. »

8.

Baronnet

C'était une insulte à l'adresse des nobles, sans doute un truc pour dire « petit baron tout pourri minable de rien du tout », mais ça reste une supposition.

Exemple : « Comment il se la raconte trop, l'autre baronnet, ça fait tiep. »

TOP 4 DES RAISONS DE PORTER UN JOGGING TOUS LES JOURS

1. Si tu chopes, c'est forcément pour ta beauté intérieure.

2. Tu peux faire croire que tu es sportif

3. C'est toujours mieux qu'un sarouel.

4. Tu peux le garder pour dormir

TOP 7 DES TRUCS QUE JÉSUS A FAITS PENDANT TROIS JOURS AVANT DE RESSUSCITER

1.

Il a passé des coups de fil anonymes à Judas.

En couvrant le combiné avec le saint suaire : « Je sais ce que tu as fait, Judas ! » Le malheureux, harcelé et rongé par les remords, s'est donc pendu après sa trahison.

2.

Il s'est demandé ce qu'il foutait dans ce tombeau.

Parce qu'il était peut-être le premier surpris de sa résurrection. Ce n'est pas comme s'il était crucifié tous les week-ends.

3.

Il a pris du temps pour lui, pour faire le point.

Parce que merde, il faut bien souffler de temps en temps. « Jésus, j'aurais besoin de multiplier des pains », « Jésus, ce paralysé, il ne va pas guérir tout seul ! », « T'as regardé le toit de Jaïrus ? T'avais dit que tu passais lundi ! » : combiner la vie de charpentier et celle de messie, c'est usant, on comprend qu'il se soit offert un petit week-end avant d'officialiser sa résurrection.

4.

Il a ressuscité, mais personne ne s'en est rendu compte.

Quelle idée aussi, de ressusciter un week-end de finale de Coupe de la ligue palestinienne, Éqron contre Jéricho, quand on sait à quel point les matchs contre les Philistins sont pris au sérieux. ICIIII… C'est la JU-DÉE !!!

5.

Il s'est renseigné sur les clauses de son assurance-vie.

« OK, donc, disons que je décède brutalement, ma famille touche les sous quand ? Vous ne bossez pas le samedi ? OK, c'est noté. Mais dimanche, ce sera bon ? »

6.

Il a attendu la fin du sabbat.

Sortir du tombeau, pourquoi pas, mais y a pas un bus, pas un taxi jusqu'à dimanche. Ressusciter un samedi en Terre sainte, c'est un peu comme acheter des clopes un dimanche par chez nous.

7.

Il a finalement réussi à résilier son forfait téléphonique.

Dieu sait que c'est compliqué de changer d'opérateur. Mais en spécifiant comme motif « j'ai été crucifié », normalement, ça passe. Par contre, ça ne suffit pas pour arrêter un abonnement à France Loisirs.

TOP 5 DES TRUCS QUE LES T-REX NE PEUVENT PAS FAIRE

1. Applaudir.

2. Se mettre de la crème solaire.

3. Attraper le PQ.

4. Lever la main en classe.

5. Faire des pompes.

TOP 10 DES TRUCS À FAIRE QUAND ON EST BLOQUÉ DANS L'ESCALATOR

1.

Se poser les bonnes questions.

Quelle est la cause de ce souci ? Est-ce un escalator du XVIIIe siècle ? Est-ce mieux d'avoir une jambe en polystyrène ou un Velux à la place d'un bras ?

2.

Appeler son boulot pour dire qu'on sera en retard.

Une récente étude a montré que les pannes d'Escalator étaient la deuxième cause de retard chez les cadres.

3.

Ne SURTOUT PAS essayer d'effectuer les réparations tout seul, attendre l'arrivée d'un professionnel.

Et penser à rester à droite pour ne pas gêner son arrivée.

4.

Bien noter si on vient d'en haut ou d'en bas, au cas où il repartirait.

Et garder ses points de repère, en utilisant la position du soleil et la direction du vent.

5.

Crier aux passants de ne pas utiliser cet Escalator.
Eux, au moins, resteront sains et saufs.

6.

Demander aux autres gens bloqués s'ils ont eu des infos concernant une possible intervention.
Le GIGN, le SWAT, la brigade des stups, ou même OSS 117, le meilleur agent français. Enfin, le meilleur, c'est pas à nous de le dire, déjà.

7.

Appeler ses enfants pour leur dire que papa ou maman ne rentrera pas ce soir.
Et prévenir notre conjoint que seul l'amour transcende l'espace et le temps.

8.

Leur souhaiter une vie longue et pleine de bonheur.
Et graver leur image à l'encre noire sous nos paupières afin de les voir même dans un sommeil éternel.

9.

Préparer un seau pour déféquer dedans et commencer à rationner la bouffe.
Et chercher s'il y a des prises entre les marches pour charger son téléphone.

10.

Se jeter dans les marches pour en finir.
Et se dire qu'un jour on fera un film sur cet événement.

TOP 3 DES CHOSES À NE PAS FAIRE LORS D'UN CONCERT DE MUSIQUE CLASSIQUE

1. Faire du head-bang.

2. Brandir une banderole.

3. Chanter ou taper dans ses mains.

TOP 30 DES PHRASES À NE PAS DIRE PENDANT UN RAPPORT SEXUEL

1. « Tu m'as réveillé pour "ça" ? »

2. « Je suis quand même inquiet pour cette histoire de retraite. »

3. « Sois poli, fais coucou à la caméra. »

4. « C'est dingue, ta sœur fait pareil. »

5. « Mais tout le monde a l'air étrange tout nu, t'en fais pas. »

6. « Garde bien tes chaussettes. »

7. « Elle vient quand déjà, ta mère ? »

8. « Tu me passes la télécommande, s'il te plaît ? »

9. « Tu prends les Mastercard ? »

10. « Finalement, éteignons la lumière, t'as raison. »

11. « Le mec qui a refait le plafond a vraiment fait un travail de porc, hein ! »

12. « Mais, mon chat dort toujours avec moi ! »

13. « Je t'ai pas dit que ma tante Claudine est morte dans ce lit ? »

14. « C'est dingue comme tu me rappelles mon ex. »

15. « T'as commencé ? »

16. « Ah d'accord. Ben là, je comprends mieux. Mais non ça ne me dégoûte pas du tout, faut juste que je m'habitue. »

17. « Attends, j'envoie un texto, mais continue, hein. »

18. « Ça t'embête si je mets ça sur Instagram ? »

19. « Tu fais toujours ça, comme bruit ? C'est marrant. »

20. « C'est bizarre, je t'imaginais plus… enfin moins… »

21. « Tape-moi le fond, ch'uis pas ta mère. »

22. « T'as de la musique militaire ? »

23. « On dirait presque des vrais. »

24. « Déjà ? »

25. « J'ai une confession à te faire… »

26. « J'l'ai jamais fait, hein. »

27. « Tu pourrais au moins faire semblant. »

28. « Mes parents vont t'adorer ! »

29. « Je veux un enfant, maintenant ! »

30. « Non, non, t'inquiète, c'est moi qui t'appelle. »

TOP 10, OK, MAIS DANS LE DÉSORDRE

1. Quatre.
2. Un.
3. Neuf.
4. Huit.
5. Sept.
6. Deux.
7. Trois.
8. Six.
9. Cinq.
10. Dix.

TOPITO, C'EST AUSSI DES VIDÉOS ! (ALORS CLIQUE ET TU SAURAS TOUT)

Tu vas voir, tu vas rire (en tout cas, nous, on a ri)

Meilleure vidéo de l'histoire d'Internet

TOPITO **Auteur : Topito**

1 million de vues : un carton !

* Si cette vidéo ne fonctionne pas, merci de fermer et de rouvrir le livre autant de fois que nécessaire.

TOP 10 DES TRUCS QU'ON VOUDRAIT ENTENDRE DE LA BOUCHE DE NOTRE MÉDECIN, S'IL ÉTAIT PLUS CONCILIANT

1.

Je n'ai jamais vu un rhume pareil, vous avez dû être sacrément courageux. Votre famille doit être fière de vous.

2.

Je dois vous faire un arrêt de travail rétroactif. C'est-à-dire que votre employeur doit vous rembourser vos dernières années de travail.

3.

Vous êtes immortel. Vos radios du genou sont formelles.

4.

Il n'y a qu'une clinique qui soigne ça, c'est aux Bahamas. Mais ne vous inquiétez pas, tout est pris en charge par votre mutuelle.

5.

Vous avez une maladie inédite, ça vous ennuie si je lui donne votre nom ?
Vous toucherez naturellement des droits à chaque nouveau cas.

6.

J'attends les résultats des analyses, mais il me semble bien que vous avez un superpouvoir.
On est parfois surpris par ce que cache un herpès.

7.

Effectivement, vous aviez raison, j'aurais dû vous prescrire un antibiotique.
Du coup, je dois vous remettre mon diplôme de docteur en médecine, vous m'avez vaincu.

8.

Je n'ai jamais vu une musculature aussi bien proportionnée.
Et pourtant, j'ai fait médecine du sport.

9.

Vous avez bien fait d'aller sur Doctissimo avant de venir me voir.
On a gagné un temps précieux.

10.

On peut dire que vous avez frôlé la mort, un jour de plus, et c'était trop tard.
Et avec une cuillerée de sirop, vous serez complètement rétabli.

ES-TU UNE BELLE ENFLURE ?

Coche les cases qui te correspondent (et pas la peine de mentir, on sait que t'en es une).

- ☐ Tu dis souvent « je te rembourse demain », mais tu oublies quand c'est demain.
- ☐ À l'apéro, tu dis « la prochaine, c'est pour moi », mais y a jamais de prochaine.
- ☐ Tu as déjà dit : « Maîtresse, il copie ! »
- ☐ C'est toujours toi qui prends le dernier gâteau dans le paquet.
- ☐ Tu te gares souvent en mordant sur deux places.
- ☐ Tu as déjà couché avec la copine/le copain d'un(e) pote.
- ☐ Tu ne le lui as pas dit.
- ☐ Ou tu le lui as dit avec le sourire.
- ☐ Tu fais semblant de ne pas voir qu'il n'y a plus de papier dans l'imprimante.
- ☐ ... Pareil aux toilettes.
- ☐ Tu peux manger des œufs durs qui daubent dans le train.

- [ ] Tu as déjà pété dans un ascenseur.
- [ ] … Ou dans une voiture.
- [ ] Tu marches lentement et au milieu du trottoir.
- [ ] Tu n'aimes pas les petits chats.
- [ ] Tu n'aimes pas les petits chiens non plus.
- [ ] Tu restes toujours à gauche dans l'Escalator.
- [ ] Quelqu'un t'a déjà dit : « T'es une belle enflure ! »
- [ ] Tu mets le Nutella au frigo.
- [ ] Tu publies des photos compromettantes de tes amis sur Facebook.
- [ ] Tu racontes parfois les secrets des autres même si tu avais promis : « J'te jure que je le répéterai pas. »
- [ ] Tu mets ton nom sur la carte d'anniversaire alors que tu n'as pas participé au cadeau.
- [ ] Tu prends tous les Apéricube au bleu et tu laisses les orange dégueus.
- [ ] Tu lis les résumés des épisodes des séries que tu ne regardes pas, rien que pour spoiler les gens.
- [ ] Tu as menti pendant ce test pour ne pas admettre que tu es une enflure.

Tu as coché entre 0 et 8 cases :

Étant donné que Mère Teresa n'est plus de ce monde, on a quand même un gros doute sur la véracité de tes résultats. On ne te demandait pas grand-chose, juste de répondre à quelques questions. Mais tu as préféré faire ça rapidement et sûrement oublier quelques réponses… Rien que pour ça, on te rajoute 30 points en plus. Ça t'apprendra à mentir.

Tu as coché entre 9 et 15 cases :

C'est pas mal. Tu as un petit bout de côté obscur en toi, celui qui te pousse à ne pas changer le rouleau de PQ quand il est terminé et à laisser le pot de Nutella vide dans le placard. Fais-le mûrir et tu pourras progresser doucement pour obtenir ton brevet de « belle petite enflure ». Encore un effort, on croit sérieusement en toi.

Tu as coché entre 16 et 21 cases :

Tu n'es pas vraiment une enflure de première, mais assez pour qu'on dise de toi : « Ah putain, je le croyais pas capable de ça… » Ben si. Tu es de ceux qui aiment bien les méchants dans les films parce qu'ils sont comme toi, fourbes et sadiques. L'enfer, c'est les autres (et surtout toi).

Tu as coché entre 22 et 25 cases :

Tu es de la trempe des plus beaux salopards de l'histoire et tu en es fier. Tu rigoles quand un enfant tombe dans la rue et tu hais les bébés chats. Certains diraient que tu n'as pas d'âme, mais nous, on trouve ça relativement respectable. Continue sur cette voie. Enflure, ça offre plein de débouchés.

POP CULTURE

TOP 7 DES PERSONNAGES DE *STAR WARS* EXPLIQUÉS À MON FILS

1.

Dark Vador

Dark Vador, c'est le plus grand méchant de la galaxie. Il fait tellement peur à tout le monde qu'il peut avoir de l'asthme sans qu'on se foute de sa gueule. Il marche super lentement à cause de son armure, mais il est toujours accompagné d'une musique qui fait « tiiiiin tiiiiin tiiiiiin, tin tin tin, tiiiin tin tiiin » pour que tout le monde sache qu'il est là et que les lendemains qui chantent, c'est terminé. Avant, Dark Vador s'appelait Anakin Skywalker, et c'était un gentil Jedi, mais il a basculé du côté obscur de la Force parce qu'il était un peu con, faut bien le dire. Depuis, c'est un genre de barbecue sur pattes, mais dans un Tupperware blindé pour le conserver. Comme une merguez. Mais une méchante merguez.

2.

Maître Yoda

Maître Yoda est le plus puissant Jedi encore en vie. Autrefois, c'était le directeur de l'école des Jedi, mais maintenant il n'en reste plus, donc Yoda, qui est très très vieux, vit dans un trou au milieu d'une forêt. Il est un peu gâteux et il radote – un peu comme papi, oui. Il mange n'importe quoi, il est vert et il a du poil dans les oreilles. Un peu comme mamie, oui. C'est lui qui apprend à Luke à être un vrai Jedi, à maîtriser la Force et à être gentil.

3.

Chewbacca

Chewbacca est un Wookiee, une espèce de serpillière géante qui fait « mweuuuuhaaaaah » pour dire qu'il est content, et « mwouuuuuuhaaaah » pour dire qu'il n'est pas content. Il est tellement poilu qu'il peut se balader tout nu avec une ceinture de cartouches pour seul vêtement, ça ne choque personne. C'est le copilote de Han Solo. Voilà voilà.

4.

C-3PO et R2-D2

Ce sont des droïdes. C-3PO, c'est un grand robot doré que Dark Vador a fabriqué quand il était petit. Il parle toutes les langues de la galaxie, et c'est un robot protocolaire : ça veut dire qu'il sait exactement comment il faut plier les serviettes et quels couverts utiliser pour manger le poisson. À part ça, il est super énervant, il se plaint constamment et il fait des blagues pas drôles. Il traîne toujours avec R2-D2, un petit droïde à tout faire qui parle en faisant « triiiiiiluuuuuuliiiiiiluuuuu » et que seul C-3PO comprend. R2-D2, il n'en fait toujours un peu qu'à sa tête, ce qui est bizarre pour un robot, mais c'est parce qu'en fait il y a un nain dedans.

5.

Han Solo

Han Solo, c'est le pilote du *Faucon Millenium*, un super vaisseau spatial qui tombe en rade une fois sur deux. Han Solo n'est pas un Jedi, alors il n'a pas de sabre laser, mais il est de toutes les combines louches avec son copilote poilu. Et il n'arrête pas d'embêter la princesse Leia parce qu'elle lui plaît bien. Un peu comme toi quand tu balances du sable dans les yeux de ta copine parce qu'en fait tu l'aimes bien et que tu ne sais pas comment le lui dire autrement. Bref, Han Solo, il lui arrive bien des malheurs, mais il finit avec la princesse Leia parce qu'il n'est pas Jedi et qu'il n'est pas obligé d'être célibataire, comme Luke, qui repart tout seul comme un crevard.

6.

Leia et Luke Skywalker

Eux, ce sont les enfants cachés de Dark Vador, celui qui a tué leur maman parce qu'il était un peu caractériel. Du coup, ça a mis une mauvaise ambiance dans la famille, donc les gentils ont décidé de planquer Leia chez le roi et la reine sur Alderaan, une planète sympa comme un club de vacances, et Luke dans sa famille de bouseux galactiques sur une planète désertique pourrie, appelée Tatooine. Luke est le dernier chevalier Jedi et Leia une princesse rebelle, et quand ils se rencontrent, ils ont bien envie de faire des enfants ensemble, mais finalement ils préfèrent renverser les méchants et apprendre à maîtriser la Force plutôt que de se reproduire entre eux.

7.

Obi-Wan Kenobi

Obi-Wan Kenobi est un maître Jedi, lui aussi. C'est lui qui a formé Dark Vador avant que celui-ci ne bascule du côté obscur de la Force, alors il s'en veut un peu. C'est pour ça qu'il décide de sortir de sa retraite pour s'occuper de Luke. Et parce qu'il s'ennuie, aussi. Il va se faire tuer par Dark Vador, mais comme c'est un Jedi, il ne meurt pas pour de vrai et il apparaît de temps en temps pour donner des conseils à Luke. Comme ton hamster, il n'est pas mort pour de vrai, son esprit est toujours là parmi nous.

TOP 4 DES TECHNIQUES POUR ÉNERVER UN FAN DE *STAR WARS*

1. Lui dire que les vieux épisodes sont les moins cools.

2. Lui dire que les Ewoks sont les meilleurs personnages de la saga.

3. Se montrer réaliste devant les effets spéciaux du film.

4. Lui faire le V de Star Trek et lui dire : « Que la force soit avec toi. »

TOP 20 DES RAISONS POUR LESQUELLES *FRIENDS* A FOUTU NOS VIES EN L'AIR

1. Parce qu'on a cru qu'on pouvait être serveuse, intermittent ou paléontologue et vivre dans un appartement de dingue à Manhattan.

2. Parce qu'on a cru que c'était OK de s'avaler quinze bols de café par jour.

3. Parce qu'on s'est dit que les filles complètement névrosées comme Phoebe étaient sympas.

4. Parce qu'on a cru que les gros lourdauds qui draguent comme Joey étaient sympas aussi.

5. Parce qu'on a cru que les *white people problems* étaient de vrais problèmes.

6. Parce qu'on a cru qu'on allait embellir en vieillissant.

7. Parce qu'on est sûr qu'il ne faut pas trop avoir de gosses avant trente-cinq ans.

8. Parce qu'on a cru que la misère sexuelle, c'était ce que Chandler vivait.

9. Parce qu'on a cru que seules les personnes dont on n'avait rien à foutre allaient mourir.

10. Parce qu'on a cru que la « normalité », c'était être beau, riche et blanc.

11. Parce qu'on a eu envie d'avoir une poule et un canard.

12. Parce qu'on a cru que vivre en coloc' à trente-cinq ans, c'était normal.

13. Parce qu'on a cru qu'on pourrait se taper des meufs en disant *: « How you doin'* ? »

14. Parce qu'on a cru qu'on pouvait être serveuse et bosser pour Ralph Lauren le lendemain.

15. Parce qu'on a cru qu'être gros, c'était être condamné à être : soit un voisin bizarre, soit un concierge, soit une adolescente qui deviendra une bombe un jour.

16. Parce qu'on a cru que New York, ce n'était que Manhattan.

17. Parce qu'on a cru qu'on pouvait être heureux sans boire.

18. Parce qu'on a cru que les cercles d'amis ne se brisaient jamais.

19. Parce qu'on a cru qu'on pouvait bouffer comme Joey et ne pas prendre un gramme.

20. Parce qu'on a cru que le boulot, c'était un truc qu'on faisait de temps en temps entre deux cafés avec ses potes.

TOP 5 DES DIFFÉRENCES ENTRE POUDLARD ET UN COLLÈGE NORMAL

1. Les sorties scolaires

2. Le système éducatif

3. Les locaux

4. Le sport

5. La cantine

TOP 4 DES PERSONNAGES DE LA LITTÉRATURE MASSACRÉS PAR DISNEY

1. *Claude Frollo*

Dans le roman de Victor Hugo, Frollo est un prêtre intellectuel, philosophe et avide de connaissances. Il élève Quasimodo et il entretient son frère alors que c'est un gros con. Le petit souci, c'est que Frollo l'abstinent tombe fou amoureux d'Esmeralda. D'où le drame de cet homme, qui connaît le désir pour la première fois. D'accord, il la fait tuer, mais c'est un personnage complexe, loin du psychopathe du Disney. En bref, Disney a fait beaucoup de mal à *Notre-Dame de Paris*.

2. *Simba*

Tu ne le savais peut-être pas, mais *Le Roi Lion* est inspiré d'*Hamlet*, de Shakespeare. Pour ceux qui ne le sauraient pas, c'est l'un des chefs-d'œuvre de la littérature européenne, rien que ça. Hamlet est un homme torturé, un poil cinglé, avec une grosse gueule de bois de la vie. C'est un des personnages les plus complexes de la littérature. Mais ça, Disney s'en fout. Il préfère les petits lions hippies qui s'en vont gambader dans la savane en chantant « Hakuna Matata ».

3. *Hercule*

À l'origine, Hercule était sérieusement agité du bocal. Durant une crise de folie, il a légèrement tué toute sa famille (même cette charmante Mégara, paix à son âme). Pour se purifier, parce qu'il avait quand même fait une sacrée boulette, il entame ses fameux travaux. Dans la mythologie et la littérature, Hercule a une symbolique complexe : il est un philosophe, un personnage en quête de soi, un homme qui essaie d'aller au-delà de lui-même. Pas cette espèce de type insipide qui fait la guéguerre avec Hadès. Au passage, il aimait tremper sa nouille un peu partout. Il s'est notamment tapé son neveu. Voilà.

4. *Mary Poppins*

Eh oui ! Mary Poppins était au départ un livre. Dans l'œuvre originale, Mary Poppins n'est pas exactement une franche déconneuse. Elle a mauvais caractère et la discussion n'est pas vraiment son fort. Tout l'aspect féministe et indépendant de la nounou a été un peu, voire carrément, effacé par Disney. D'ailleurs, le livre est tellement différent du film que Pamela L. Travers, l'auteure, a détesté celui-ci. On l'a bien compris, Disney aime les femmes un peu cruches.

TOP 10 DES CITATIONS PHILOSOPHIQUES D'HOMER SIMPSON

1. *« C'est pas parce que je m'en fous que je comprends pas. »*

2. *« Mon garçon, si tu veux vraiment quelque chose dans la vie, il faut travailler. Maintenant ferme-la, ils vont annoncer les numéros du Loto. »*

3. *« Essayer, c'est le premier pas vers l'échec. »*

4. *« Le code de la cour de récré, Marge ! Les règles qui font d'un gosse un homme. Pas colporter les potins. Toujours se moquer des gens qui sont différents. Ne jamais rien dire à moins d'être sûr que tout le monde pense exactement pareil que toi. »*

5. *« Normalement, je prie pas. Mais si t'es là-haut, sauve-moi, Superman. »*

6. *« Vive l'alcool. La cause et la solution à tous nos problèmes. »*

7. *« Tu peux avoir tout l'argent du monde. Mais y a un truc que tu n'auras jamais… un dinosaure. »*

8. *« Télévision. Professeur. Mère. Maîtresse. »*

9. *« Je serais végétarien si le bacon poussait sur les arbres. »*

10. *« Si tu ne fais jamais rien,*

TOP 5 DES HÉROS DONT ON NE SAIT PAS PRONONCER LE NOM

1. Batman

CE QU'ON DIT

BATEU-MANE

CE QU'ON DEVRAIT DIRE

BATE-MÈNE

2. Naruto

CE QU'ON DIT

NA-ROU-TO

CE QU'ON DEVRAIT DIRE

NAL-TO

3. Superman

4. Hermione

5. Dardevil

TOP 10 DES DIFFÉRENTS TYPES DE GENS QUI SPOILENT

1.

Celui qui veut t'entraîner dans sa chute.

« Je ne me remettrai jamais de la mort de Ned Stark. Pour la peine, tu vas souffrir avec moi. »

2.

Celui qui partage TOUTE sa vie sur Facebook.

« Ouh ! là là ! Je suis tellement triste que le personnage principal de ma série préférée soit mort dans d'atroces souffrances que je vais immédiatement le mettre en statut Facebook. »

3.

Celui qui ne l'a vraiment pas fait exprès.

« Oups ! L'épisode est sorti depuis au moins 1 h 20, j'étais sûr que tu l'avais vu, moi ! Sans rancune ? »

4.

Celui qui a lu le livre (et qui en est très fier).

« Si les scénaristes de la série continuent à suivre les livres, Machin, Bidule et Trucmuche ne devraient pas tarder à passer l'arme à gauche. Ah, tu les as pas lus ? »

5.

Celui qui a une dent contre toi.

« Le 24 avril 2003, ça ne te dit rien ? C'est le jour où tu m'as spoilé l'épisode final de *Sabrina, l'apprentie sorcière*. La vengeance est un plat qui se mange froid, *bitch*. »

6.

Celui qui pense faire une bonne action.

« Non mais tu vois, comme ça, le choc sera moins intense pour toi. Non, c'est bon, ne me remercie pas. »

7.

Celui qui spoile sans spoiler.

« Je ne vais pas te spoiler, mais attends-toi à voir un personnage important se faire salement amocher… Comme quoi, Main du Roi, c'est pas safe safe, comme boulot… mais popopop… je n'en dis pas plus ! »

8.

Celui qui s'est fait spoiler et qui, du coup, spoile ses potes.

« Parce que l'amitié, c'est ça, non ? On partage tout. »

9.

Celui qui fait des spoils blagounettes (les mêmes que tout le monde).

« OMG, en fait, Walter se réveille, et tout ça n'était qu'un vilain rêve ! »

10.

Ta grand-mère.

« Au 13 heures, ils parlaient d'une série télévisée, là : *Le Trône de Fer*. Il paraît que les gens ne sont pas contents parce qu'ils ont tué le personnage principal. Il était plutôt joli garçon, d'ailleurs. »

TOP 7 DES PREUVES QUE LE « DUDÉISME » EST UNE VRAIE RELIGION ET THE BIG LEBOWSKI SON PROPHÈTE

1.

Des créateurs qui dépassent l'entendement des mortels.

Comme la sainte Trinité, les frères Coen sont plusieurs, mais ils ne sont qu'un. Qui peut discerner clairement le Père du Fils et du Saint-Esprit ? Qui peut discerner Joel d'Ethan Coen ?

2.

Des commandements qui éclairent le croyant en toute situation.

Des préceptes tels que *going with the flow, being cool headed* et *taking it easy* s'appliquent à toutes les difficultés de la vie. La beauté de cette religion, c'est sa simplicité.

3.

Des rituels à pratiquer régulièrement.

Certaines activités apparemment anodines sont chargées de sens quand elles sont pratiquées par le « dudéiste » : jouer au bowling, glander en bagnole, prendre des bains sont autant de manières d'affirmer sa volonté de la jouer tranquille plutôt que d'accumuler des richesses ou de se laisser déborder par l'ambition.

4.

Une tradition millénaire.

Si le film de 1998 a fait office de Nouveau Testament pour les potentiels adeptes du « dudéisme », la philosophie du Dude existe depuis la nuit des temps. Lao Tseu, Jésus, Épicure ou Snoopy peuvent ainsi être considérés comme des prophètes de cette religion.

5.

La réponse aux limites des autres religions.

Le « dudéisme » est la religion qui se développe le moins vite au monde. C'est également celle qui exige le moins de pratique. C'est surtout une religion qui fera dire aux gens que tu rencontres : « J'aime bien ton style, dude. » Quelle autre religion peut en dire autant ?

6.

La possibilité de devenir prêtre « dudéiste ».

Il suffit de remplir un formulaire en ligne, et tu reçois ton certificat d'ordination par e-mail. Le « dudéisme » est une religion moderne, simple, efficace et respectueuse de la planète.

7.

Un jour de célébration : The Day of The Dude.

Le 6 mars, tous les fidèles du « dudéisme » respectent certaines traditions : passer la journée en robe de chambre et en sandales, rester chez soi, prendre un bain en écoutant des chants de baleine, se servir un russe blanc, faire un tour en bagnole en écoutant Creedence Clearwater Revival… et faire un bowling, bien sûr. Après une bonne journée à se comporter comme un vrai Dude, tu pourras reprendre ta vie avec l'impression de renaître.

TOP 4 DES LOGOS DE PARTIS POLITIQUES FAÇON *GAME OF THRONES*

1.

Le Parti socialiste en Maison Stark

2.

L'Alternative en Maison Tyrell

3.
Les Républicains en Maison Lannister

4.
Les Verts en Maison Tully

TOP 8 DES APPRÉCIATIONS TROUVÉES DANS LE CARNET DE CORRESPONDANCE DU PETIT CLARK KENT

1.

Mme Le Garrec, conseillère d'éducation

« Bonjour, M. et Mme Kent. On m'a rapporté que Clark avait essayé de remonter le temps pour avoir une meilleure note à son contrôle de mathématiques lundi. Je dois vous rappeler le règlement intérieur : il est STRICTEMENT interdit de faire usage d'une calculette et de faire tourner la terre à l'envers une fois les sujets distribués. »

2.

Mme Sahin, infirmière scolaire

« Bonjour, Mme Kent. Votre fils m'a parlé d'une "allergie à la kryptonite" (?) Peut-être voulait-il dire "arachide". En tout cas, pourriez-vous passer me voir, munie de son carnet de santé, afin que je donne les consignes aux dames de la cantine ? D'avance, merci. »

3.

Mlle Brison, psychologue scolaire

« Bonjour, M. et Mme Kent. Je suis préoccupée par le comportement de votre fils, qui peine à s'intégrer dans sa classe. Ces soucis rejaillissent sur ses résultats scolaires (à l'exception de l'EPS : on m'a rapporté une performance de 83 mètres en saut en longueur), ce qui est un phénomène courant chez les enfants adoptés. Seriez-vous disponibles pour en parler ? D'avance, merci. »

4.

Jean-Claude Robier, professeur d'EPS

« Bonjour. Votre gamin a pris l'habitude d'assister à mes cours en mettant son slip PAR-DESSUS son survêtement. Si c'est une tradition religieuse ou quelque chose comme ça, sachez que ce genre de pratique est désormais interdit dans l'enceinte du collège, les principes de laïcité devant être respectés. En vous remerciant de votre compréhension. »

5.

Mme Le Garrec, conseillère d'éducation

« M. et Mme Kent, votre fils est arrivé en retard au cours d'arts plastiques mardi, prétextant avoir “soulevé une voiture pour dégager la jambe de son père”. Dans ma longue carrière à l'Éducation nationale, c'est bien la première fois qu'on me fournit une telle excuse. Êtes-vous sûr qu'il n'a pas fait l'école buissonnière ? Je vous rappelle que la quatrième est une année charnière qu'il ne faut pas négliger… »

6.

Mme Le Garrec, conseillère d'éducation

« J'ai dû mettre Clark en retenue mercredi après une altercation avec un petit camarade. Lui qui est d'habitude si calme et réservé a répondu aux provocations d'un redoublant en s'en prenant à lui physiquement. Sans vouloir vous alerter, je dois quand même préciser que votre fils a projeté un bus scolaire sur son camarade (ce qui est rigoureusement interdit par le règlement intérieur). »

7.

Mlle Brison, psychologue scolaire

« Mme Kent, lors de nos derniers échanges, je n'ai pas eu le temps de discuter avec vous de la propension de Clark à évoquer avec ses camarades sa “forteresse de solitude”. Ne soyez donc pas surprise de trouver dans votre grenier quelques revues à caractère pornographique, et sachez qu'à son âge, il est normal qu'un adolescent se masturbe. »

8.

M. Berthier, conseiller d'orientation

« Bonjour, Mme et M. Kent. Lors de notre dernière entrevue, votre garçon m'a fait part de son intention de se tourner vers une formation de journaliste. J'aimerais, étant donné ses derniers bulletins, ne pas l'encourager dans cette voie. En revanche, pour l'avoir vu souder la tuyauterie des sanitaires des garçons juste avec un laser rouge sortant de ses yeux, une orientation vers un CAP plombier-chauffagiste me semble plus indiquée. »

TOP 4 DES SOUCIS DU QUOTIDIEN DE BATMAN

1. Les sollicitations nocturnes qui l'empêchent de mater le foot.

2. Les autres super-héros qui se moquent de lui.

3. Ses histoires d'amour compliquées.

4. Le contrôle technique de la batmobile qui coûte une blinde.

TOP 10 DES CHOSES QUE CE BINOCLARD DE HARRY POTTER A PILLÉES AU SEIGNEUR DES ANNEAUX

1.

Les Horcruxes et l'Anneau unique servent à la même chose.

D'ailleurs, un des Horcruxes est une bague, comme DE PAR HASARD.

2.

Queudver et Grima, c'est blanc bonnet et bonnet blanc.

Si les parents de Harry sont tués, c'est parce que son père est trahi par son pote Peter Pettigrow, surnommé « Queudver », qui rappelle étrangement Grima, un personnage du *Seigneur des Anneaux* qui trahit son peuple et son roi en décidant de rejoindre Sauron.

3.

Aragog et Araigne : araignées jumelles.

Et dans les deux cas, on n'a pas envie de les retrouver sous notre oreiller.

4.

Le héros et son ennemi sont liés.

Après leur première rencontre (qui lui a laissé une belle cicatrice), Harry est connecté malgré lui à Voldemort. C'est pareil pour Frodon, par le biais de l'Anneau. Coïncidence ? On ne croit pas, non…

5.

Le Saule cogneur et le Vieil Homme-Saule : du pareil au même.

Par un hasard assez fou, les deux œuvres présentent un saule un peu violent qui n'hésite pas à emprisonner les Hobbits dans ses racines ou à cabosser méchamment la voiture de Ron et Harry.

6.

Voldemort et Sauron devaient être dans le même groupe de black metal au lycée.

Et ils ont tous les deux été surnommés « The Dark Lord » par leurs petits potes.

7.

Dumbledore, le mec qui voulait trop être comme Gandalf.

Outre le look de vieux barbu, les deux sorciers ont clairement le même rôle de guide un peu relou et sage qui parle par énigmes, histoire de bien faire chier tout le monde.

8.

Les Détraqueurs et les Nazgûl doivent être cousins.

Les Détraqueurs sont de grands trucs tout noirs qui se nourrissent des souvenirs heureux de leurs proies. Chez Tolkien, on a la même chose sauf qu'ils s'appellent les Nazgûl : même cape noire, même apparence de cadavre et surtout cette fâcheuse tendance à faire flipper à mort tous ceux qui croisent leur chemin.

9.

Cape d'invisibilité et cape elfique : sûrement le même tailleur.

Dont on veut bien l'adresse, soit dit en passant.

10.

Dobby et Gollum : les petits monstres à ne pas sous-estimer.

Mais clairement, on préfère Dobby.

TOP 4 DES QUESTIONS QU'ON SE POSE SUR LES POKÉMON

1. Pourquoi tous les types qu'on croise veulent nous affronter ?

2. Comment fait Pierre pour voir ?

3. Comment le prof Chen sait quand on utilise une bicylette ?

4. Pourquoi peut-on entrer au casino alors que notre personnage n'est pas majeur ?

TOP 20 DES SIGNES QUE TU ES UN GEEK, UN VRAI

1. Tu as eu Internet avant 2000 et tu possèdes ton propre nom de domaine.
2. Tu as déjà regardé la bande-annonce d'un film en te disant : « Je connais la police de caractères de ce texte... »
3. Depuis ton bureau Windows, tu es capable d'afficher le panneau de configuration sans toucher à la souris.
4. La phrase « il y a 10 sortes de gens au monde : ceux qui connaissent le binaire et les autres » te paraît logique.
5. Tu serais capable d'expliquer la différence entre un nerd et un geek.
6. Tu as déjà utilisé un Minitel.
7. Tu sais que les « crackers » ne sont pas seulement des biscuits salés servis à l'apéritif.
8. Tu ne possèdes aucun appareil Apple (ou presque).
9. Tu as déjà participé à une LAN.

10. Tu sais qui est Linus Torvalds (et Richard Stallman).

11. Tu utilises des émulateurs pour jouer à de vieilles consoles de jeux (NES, Mega Drive...) ou des abandonwares.

12. Tu connais le nom des attaques des Chevaliers du Zodiaque, et tu sais mimer la technique de la fusion (en cas de coup dur).

13. Tu as arrêté d'acheter des DVD au début des années 2000.

14. Tu as déjà créé un site Web.

15. Tu connais les trois lois de la robotique.

16. Tu sais que le film *La Planète des singes* est adapté d'un livre français.

17. Tu comptes appeler vos enfants Arwen et Meriadoc.

18. À une soirée *Star Wars*, tu ne te déguises ni en Boba Fett ni en Stormtrooper (trop mainstream), mais en Ki-Adi-Mundi, pour les connaisseurs.

19. Tu possèdes plus d'adresses e-mail que de paires de chaussures.

20. Tu as un tee-shirt « Amiga ».

TOP 3 DES INFOGRAPHIES SUR *THE WALKING DEAD*

1. Les types de zombies

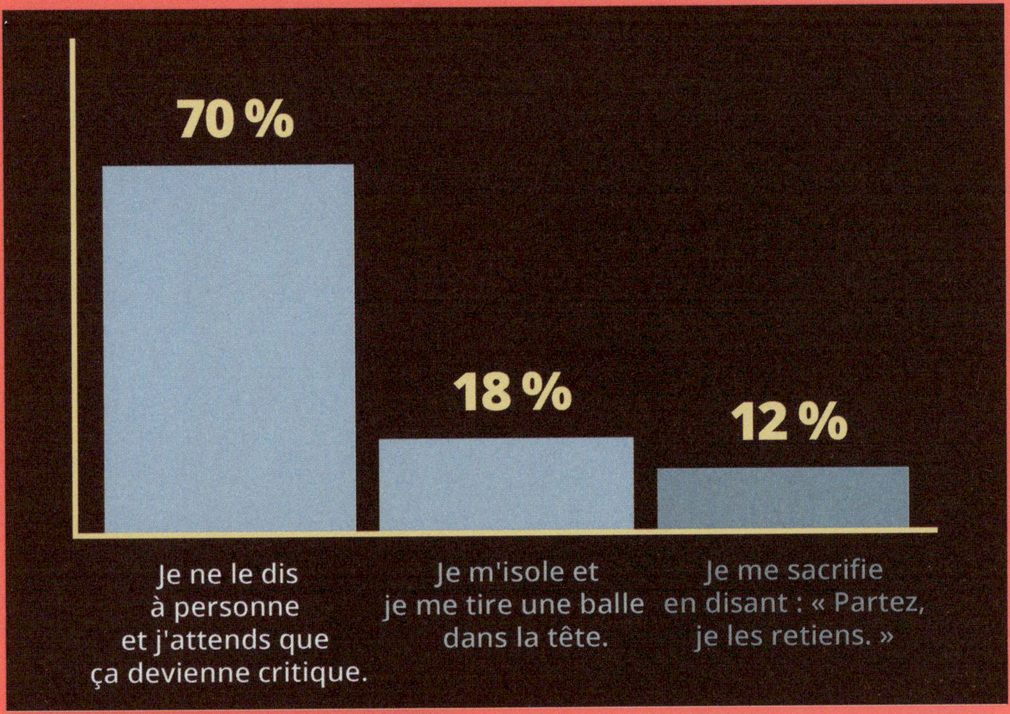

2. Les réactions des gens qui se font mordre

3. Les endroits où tirer

TOP 4 DES CLICHÉS QU'ON TROUVE

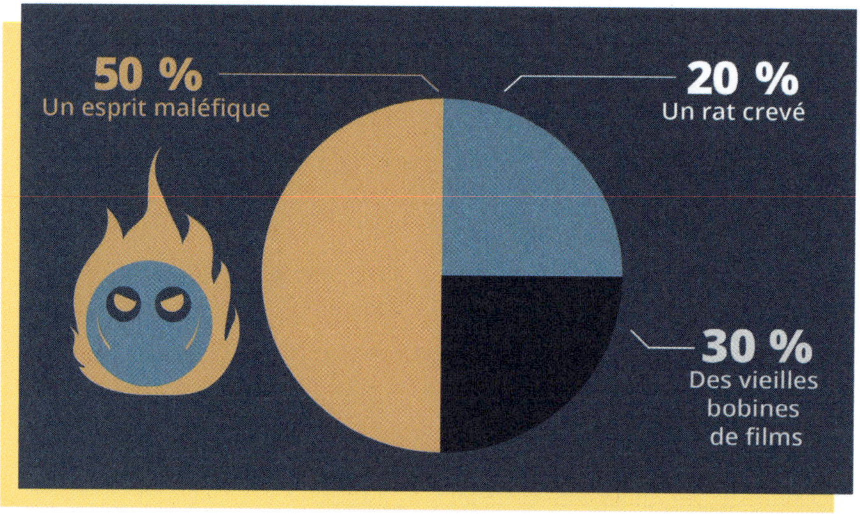

1. Dans les greniers, on trouve...

2. Les endroits où il ne faut pas se réfugier

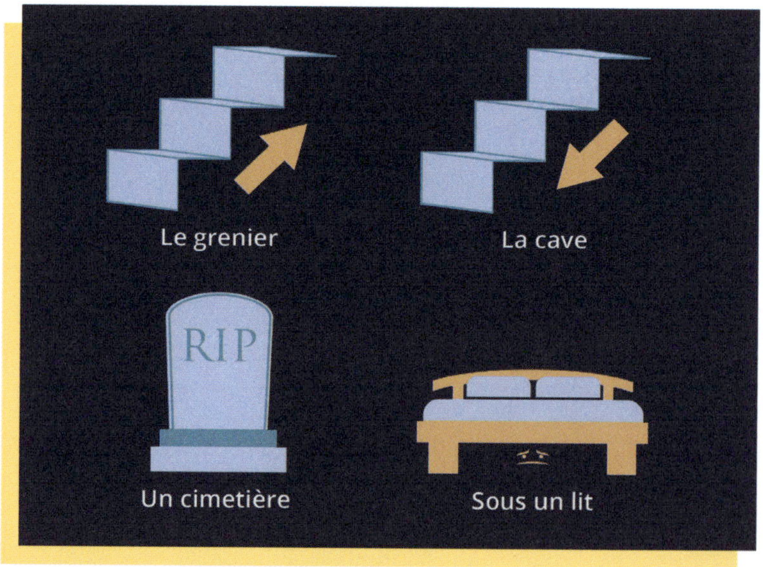

DANS TOUS LES FILMS D'HORREUR

3. Les signes que tu vas bientôt mourir

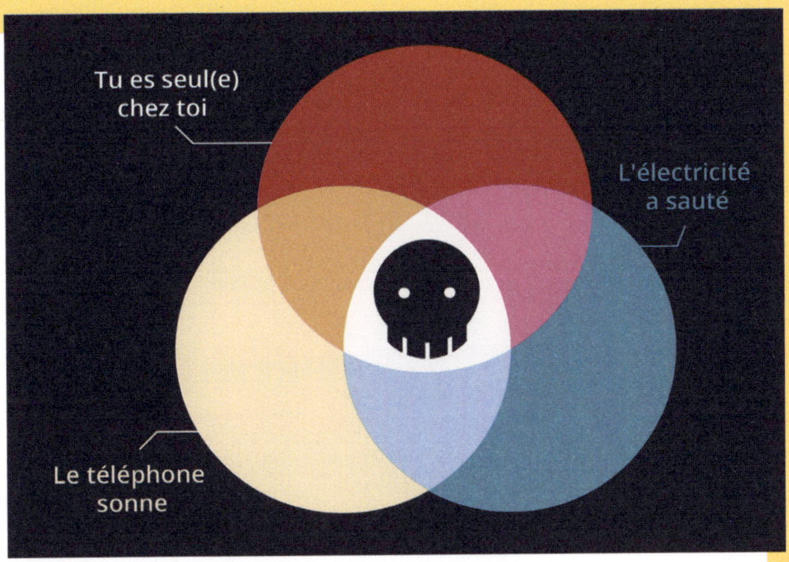

4. Les phrases qui sentent le sapin

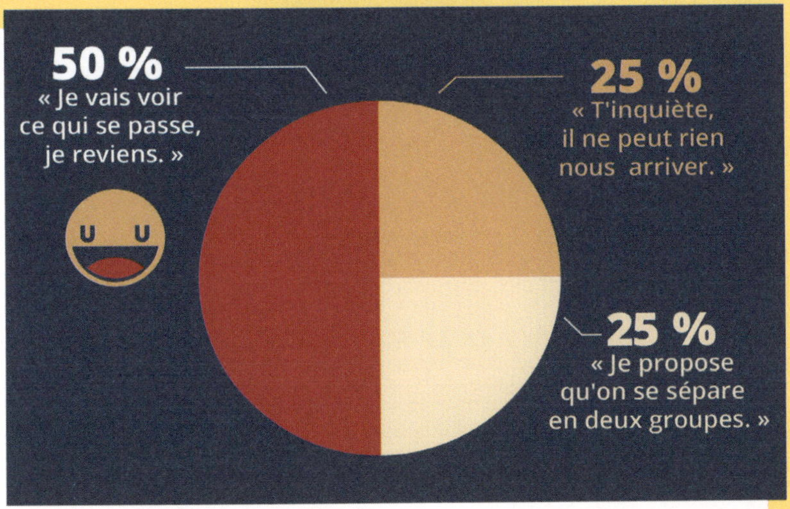

TOP 5 DES MOTS INDISPENSABLES À TOUT FAN DE SÉRIES, LE LEXIQUE EN VOST

1. *Spoiler*

To spoil, c'est « gâcher » en anglais. Un spoiler, c'est quand quelqu'un ou quelque chose vous donne une info sur un épisode que vous n'avez pas encore vu. Par exemple, si on vous dit que Monica et Chandler finissent ensemble, on vous spoile un peu *Friends*. Mais vu que c'est un spoil qui a cent ans, il y a prescription.

2. *Cross-over*

Un cross-over, c'est quand deux séries différentes se croisent dans un épisode. Souvent, il y a beaucoup d'excitation quand c'est annoncé, et puis on regarde l'épisode et c'est toujours nul (oui, on n'a pas dit « souvent », on a dit « toujours »).

3. *Twist*

C'est quand il se passe un truc de fou dans une série et que ça change tout à l'histoire. 95 % du temps, le twist, c'est soit quelqu'un qui meurt, soit quelqu'un qui baise. Notons que le twist est très souvent quelque chose qu'on ne veut pas se faire spoiler.

4. *Spin-off*

C'est quand un personnage d'une série un peu essorée est populaire, et que donc de gros mecs à cigare qui aiment l'argent disent : « On n'a qu'à le prendre, lui, et le mettre dans une autre série, comme ça, on fera plein d'artiche, mouahahahaha. » Là, on va dire que c'est très souvent nul, mais pas toujours.

5. *Cliffhanger*

C'est quand un épisode se termine sur un suspense insoutenable et que tu te rends compte que la réponse à la question que tu t'es posée pendant tout l'épisode ne sera divulguée que dans celui d'après. C'est à la fois frustrant et bandant.

TEST : POUR QUELLE MAISON DE POUDLARD ES-TU FAIT(E) ?

Ta plus grande qualité, c'est :

A Ton talent pour le dessin sur crêpe.

B Ta voiture tunée.

C Tes biceps, tu pousses à la salle.

D Tes longs cheveux blonds.

Tu aimes les cornichons ?

C Oui.

C Non.

C Je m'appelle Ralph.

T'as pris en LV2 :

A Allemand.

B Latin.

C Espagnol.

D Anglais.

Quelle est ta boisson préférée ?

A Le gel douche.

B La choucroute.

C L'hydromel.

D Le thé.

Ton animal de compagnie est :

A Ton frère.

B Un elfe.

C Mort.

D Un nain.

Tu as une majorité de A :

Tu es un Serpentard.

Tu es vicieux, tu fais peur dans la rue et tes potes ont le QI d'un caillou. Tes passions sont : tuer des gens et manger du gel douche. Dans cette maison, tu trouveras tout ce dont tu rêves, y compris Donald Trump. Bienvenue, ou comme on dit en fourchelangue : « SSSssSSSSSSsss ! »

Tu as une majorité de B :

Tu es un Serdaigle.

Serdaigle, c'est juste la maison que personne ne connaît – même toi, tu ne connais pas. La seule personne connue de Serdaigle, c'est Filius Flitwick, et c'est super difficile à écrire. Bref, si tu veux faire quelque chose de cool, sèche les cours et va plutôt à Serpentard : là, y a de l'action.

Tu as une majorité de C :

Tu es un Gryffondor.

Tu es content, tu penses être dans la maison la plus cool ? Eh bien, tu as totalement tort : tu es un loser, dans la maison des losers. Maintenant, évite de mettre sur ton CV que tu es dans la même maison que ce beauf de Dumbledore ou ce relou de Harry. Fais-toi discret, c'est notre conseil.

Tu as une majorité de D :

Tu es un Poufsouffle.

Tu es maladroit, tu manges beaucoup et tu as le charisme d'une brouette. Ta prof représentante, c'est le professeur Chourave, et ça, ça claque pas du tout. En plus, votre animal totem, c'est un blaireau… Bref, t'as tout gagné.